リスクと生きる、死者と生きる

石戸 諭
BuzzFeed Japan 記者

亜紀書房

リスクと生きる、死者と生きる　目次

本文中の写真はクレジットのあるものを除き、すべて「Satoru Ishido/BuzzFeed」

序章

あの震災、原発事故とはなんだったのだろう。ふと気がつくと、二〇一一年三月一一日を分岐点に考えている自分がいる。それは、あの日より前だったのだろうか、それともあとだったか、と。

東日本大震災の被災地に入ったのは、この年三月二〇日のことだ。当時、私は毎日新聞の記者だった。岡山支局で五年を過ごし、五月から大阪社会部への異動が決まっていた。二〇代半ば過ぎで、仕事には自信があったし、何を取材していてもおもしろくて仕方なかった。事件を取材すれば特ダネが取れて社会面を飾ることもあり、コラムを書けばインターネットで少しばかり話題になった。震災の現場を自分で取材したいと思ったし、早く被災地取材班に加わりたい、と上司をせっついていた。

大阪から飛行機で岩手県に入り、盛岡支局に立ち寄る。車をピックアップするためだ。支局では、連日の紙面作りに追われていた。誰かがドアを開けっ放しにしていると「ストーブの暖気が逃げていくだろう。簡単に燃料が手に入らないんだから注意しろ」と声があがった。

ガソリンが足りないから、給油地点には注意するように言われた。泊まる場所も現地で探さないといけなかった。はじめは沿岸部に向かう道路沿いにあったラブホテルを拠点にした。そのあと、沿岸部から少し離れた場所で温泉宿が確保できたという連絡があり、目一杯の人数で泊まった。あのときの被災地はどこも似たようなものだったと思う。

一晩明けた三月二一日、私は担当を割り振られた岩手県宮古市の旧田老町を目指して、ハンドルを握った。吉村昭が一九七〇年に発表したノンフィクション『三陸海岸大津波』（文春文庫）にも登場する地区である。一九三三年に起きた津波を吉村はこう描写していた。

「田老は、一瞬の間に荒野と化し、海上は死骸と家屋の残骸の充満する泥海となっていた」

道路を曲がり地区の風景が一望できる場所に車が入る。街の一切がなくなっていた。運転席から見える光景は現実なのだろうか、本当に起きたことなのだろうか。

この光景を見たとき、報道は何も伝えていないと思った。

岩手の三月はデータの上では気温は低かったはずで、ときどき雪がちらつくこともあったが、寒さを感じた記憶はあまりない。海の匂いと泥の匂いが混ざった風が吹いていた。そのなんとも形容しがたい匂いは覚えている。

描写する言葉が出てこなかった。何を書いていいのか、何を取材していいのか、この光景をどう伝えたらいいのか。さっぱりわからなくなってしまった。もう少し付け加えると、何を書いても言葉が上滑りしていくような気がしたのは、このときが初めてだった。どんな現実でも取材をして、調べれば記事を書ける、というのは思い込みでしかなかった。

あのとき、何があったのか。当時の取材ノートを開きながら、思い出してみる。

三月二一日、沿岸部を男が一人歩いていた。年の頃は四〇歳前後だろうか。岩手県宮古市田老地区は津波に備えて海面からの高さ一〇メートルの防潮堤が作られていた。私も防潮堤を見に行った。過去の大津波の経験から導かれた対策だ、と男性は教えてくれた。しかし、今回の津波で防潮堤は大破した。「想定外というのは本当にあるんだ」と言った。別の場所でも口々に想定外という声を聞いた。

津波で何もなくなった田老地区で一人の女性が、がれきから家族の写真を探していた。「やっと見つかったから」と呟きながら、写真の泥をはたき、一枚、一枚倒れたコンクリート柱に並べていた。家族の思い出である。夜が明け、朝になるのと同時にがれきをかきわける被災者の姿を多く見る。釘がむき出しになっていて、余震もある。彼らはそれでも何かを探し出そうとしている。

三月二二日、宮古市田老地区で、預金の一部払い戻しが始まっていると聞き、行ってみた。手続きにきた女性に対して、職員が「住所をここに……」と書くように促す。女性は「家はもうない」と消え入りそうな声で返答していた。手続きを終えて、すぐに帰っていく女性に声をかけられなかった。

三月二三日、岩手県の被災地、宮古市の一角。中心部に近いエリアに津波で流された家と工場がある。そこにあった自宅に戻った五〇代の女性は「家もない、仕事もない。不安で不安で……。でも命が助かったのにそんなこと言えない」と話す。前を向いて復興に動き出す被災地、頑張る被災地という物語は必要なのだろうか。

市内の飲食店に立ち寄る。沿岸部を抜けて少し走ると暖かい食事を出してくれる飲食店は意外とある。地区によるだろうが、国道沿いはどこも大手飲食チェーンがかなりあるため、食糧事情は改善されそうだ。テレビのニュースで「××市は全壊」と報じていた。隣席に一人座ってラーメンを食べていた、二〇歳前後の金に近い明るい茶色の長髪、作業服を着た男性が「全壊じゃない、壊滅だ」と小さな声をあげていた。

三月二四日、遺体発見の現場に立ち会うことになった。津波に流され、海岸からかなり離れた、がれきの下から見つかった。人が一人、目の前で行方不明者から死者に変わった。数だけではわからない感覚だ。「××さんは逃げる途中だったんだ。こんなところまで飛ばされて……」と住民が語る。

岩手県宮古市の一角、取材で訪れた小さな漁村の港近く。がれきを横にどけただけの道路を歩いていると「原発はどうなりそうなんだ。教えてくれ」と声をかけられた。漁村といっても、痕跡は何も残っていない。歩いていた港から高台にあがる道にあったはずの建物はすべて壊れていた。アスファルトは剝がれ、コンクリートでできた橋は真ん中から折れていた。

　船は高台の家の屋根に刺さっており、目につく車はすべてひしゃげている。残っているのは木片と、崩れたコンクリート片と電柱くらいだった。特産品だったワカメはロープごと陸に打ち上げられ、日に当たったせいか少し黄色くなっていた。

　声をかけてきたのは一人の男性だった。歳は六〇代半ば、白髪交じりの頭を短く刈り上げている。黒のタートルネックニットの上に、紫と黄緑のナイロンの上着を羽織り、足元は漁業用のゴム長靴を履いていた。

「原発ですか。放射性物質が飛散してはいるけど……」と説明しようとしたが、「健康はいいんだ。もうほれ、年寄りだから。海だ、海。この海にどんな影響があるんだよ。教えてくれ。情報が入らないんだ」。当然のように携帯電話はつながらず、地元新聞でさえ配達されていない。情報はもっぱらラジオのみ。男性の船も流され、陸で見つかったという。幸い、家族は無事だったが家も流された。

　漁再開のめどは立たない。質問をする前に男性は話し始めた。「漁に出れば金になる、そう言われた漁場なんだ、ここは。きれいだろ。この地区で取れるもんが悪く言われるのが嫌なんだよ、おらは。あわびもウニも定置網もワカメも、日本一なんだ」。きれいだったのだろう、と想像した。この日、一緒に見た海には、折れた防潮堤、そして沈んだ車から漏れ出した大量のガソリンが浮いていた。

伝えられるだけの情報を伝えたが、おそらく納得していなかったと思う。住居を無くしても海の優先度が高い。何より海の無事を願う。それが漁師なんだ、と男性は言った。彼は特別な存在だろうか。津波に襲われた沿岸各地域に行けば、いくらでも同じような人に出会うことができる。

三月二五日、岩手県宮古市の火葬場に向かう。列ができている。火葬を待つ女性は「一人でも辛いのに何千人も辛い思いをしてね」と言う。亡くなった姪は海辺のコンビニ勤務だったと話した。あぁ、と思い出す。私は、その場所を車で通っていた。いまは、がれきと看板だけがある。あと少し高台に走っていれば被害は免れたはず。そんな場所である。

火葬場では、別の女性からも穏やかな表情で話しかけられた。「ご苦労様。いまね、旦那を待っているの。もう少しでお骨になるの」。昨日はがれきになってしまった家の近くで、写真を探したと語ってくれた。見つかったのは新婚旅行の写真だった。家を離れ、これからは息子夫婦と暮らすのだ、と言った。「もうね、なぁんにも残ってないから」。どうして話しかけてくれたかはわからない。取材をお願いしたが、彼女は首を横に振り、言葉を飲み込んだ――。

三月二六日、海上保安庁の捜索に立ち会う。漁業を営む男性は、妻が津波に流されて見つからないという。膝を折り曲げ、尻は地面につけず、手を組んだまま祈るような表情で捜索を見つめていた。いや、彼は祈っていた。妻が乗っていた車を海保の隊員が見つけたが、姿はなかった。それでも「よかった」と、隊員に礼を言っていた。隊員を仕切る海保の職員は「これで感謝されるんだ。こんなに辛い仕事はない」と言う。この職員は、目の前の現実を知らせてほしいと言った。

――当時のノートに記録されていたのは、いかにも社会面に掲載されそうな話ではなく、紙面化できるかもわからないような、そこにいた人たちの断片的なシーンであり、声であり、その時自分が考えたことだった。

実際、いくつかの話はさらに取材して記事になったものもあるが、大半はノートに書き込んだままか、少し短くしてツイッターにあげただけで終わった。ここにあるエピソードはとても小さいし、一本の記事にはならないが、それでも何かを伝えていると思った。

いまなら「何か」がわかる。彼らが語っていたのは、他の誰でもない「自分」が感じた喪失だ。深い悲しみや喪失を経験した人は、言葉にできない感情をなんとか言葉にしようとする。それは、誰かに聞いてもらえなくてもいいと思いながら、振り絞って出てくる言葉なのだ。

私は彼らの声に強く心を揺さぶられたが、うまく言葉にすることができなかった。

この本の原体験はここにある。「被災者」という名前の被災者はいない。そこにいるのは個人として生きている人の姿である。同じ喪失を経験した人も二人といない。喪失や悲しみは、徹底して個人のものだ。

そのときの私は、彼らの言葉に触れてもそれ以上の思いに踏み込むことはできなかった。知りたいと思っても、さらに踏み込むためには気持ちだけでなく、書き手としての力が必要だった。二週間弱の取材を終えて、私は岩手県をあとにした。

その後、私は大阪、東京と異動し、二〇一五年末に約一〇年勤めた毎日新聞を退社した。この間も原発事故後の福島の描き方をテーマにした連載企画を展開したり、リスクの伝え方をテーマにしたコラムを書いたり、対談をしたり、震災や原発事故の取材を続けていた。新聞記者としての生活に大きな不満があったわけではなかったが、二〇一一年三月の出来事はどうしても消化できず、引っかかったまま時間が過ぎていった。

被災地や原発事故を取材していると、どこか饒舌な人たちと出会う。「××ではこうなっている」「××はそう考えている」。なるほど、取材や聞き取りを尽くせば、「被災者」の声を代わって語ることができるようになるのかもしれないし、ときとしてそうした形で声をあげることは必要だろう。

でも、私にはどうしても主語が大きすぎるように聞こえてしまう。

震災と原発事故が投げかけているのは「喪失」という問題ではなかったか。喪失との向き合い方というのは、徹底的に個人のものでしかありえない。ある人を喪った、土地を離れざるを得なかった。失ったのはいずれも、自分が自分であるための大事な基盤である。その喪失と個々人がどう向き合っているのかは、他人にはわからないものだ。いや、当事者であってもわからないことも、当事者であるから言葉が揺らぐことも、言葉にできないこともある。それゆえに、誰かの経験を、誰かに代わって語ることに、慎重にならないといけないのではないか。

震災から現在に至るまで私が試みてきたのは、震災や原発事故を自分のこととして捉え、考えている人たちの声に近づき、彼らの揺らぎに接近することである。声を聞くこと、それもどこまでも個的に語られる彼らの言葉を聞くことで浮かび上がってくるものに、可能な限り接近したいと思った。

新聞社を辞めて、二〇一六年一月に移籍したインターネットメディア「BuzzFeed Japan」で、私は震災、原発事故をテーマにした取材を続けることになった。ここに収録した文章は、大幅に手を加え事実上の書き下ろしになったものもあるが、初出はBuzzFeedに掲載したものだ。

はじめから大きなテーマを意識的に設定したわけではないのに、いくつかできあがった記事を並べてみると「喪失」と「個の言葉」という軸が浮かび上がってきた。あのときの取材ノートを読み返して、軸はさらに明確になったと思う。

私は、何ものも代表せずに個人が個人として語る言葉を聞きたいと思って、彼らが住む場所や現場を訪ね歩いていた。

彼らの言葉を、言いたかったことを本当に理解できたかどうかはわからない。しかし、間違いなく言えるのは、彼らはとにかく誠実に言葉を伝えようとしてくれたということだ。饒舌に何かをしゃべるのを一旦やめて、そっと耳を傾ける。そのとき、大きな主語から離れ、フラットに並んだ個人の言葉はどこかで共振を始める……。そんな気がするのだ。

第１章

科学の言葉と生活の言葉

福島第一原発事故のあと、人はリスクとどう向き合ったのか。二〇〇六年に記者として働き始めてから、リスクは長く考えているテーマの一つである。例えば、こんな定義に惹かれた。

「リスクには、安全がない。リスク論とは、安全領域がない危険性とわれわれはどうつきあうかという科学である」（中西準子『環境リスク論』岩波書店）

私の関心は危険性の「程度」とどう向き合うかということであり、安全か危険かという二元論に与しない考え方を共有することにあった。

一見すると純粋に科学的、技術的な問題だと思われていること――例えば何かの基準値を決める――は、実は科学だけでは決められず、社会的にどこまで許容できるのかという視点からも考えなければならない。それがリスク論から学んだことだった。

リスク論は社会と科学の両方をにらみ、リスクを取ることで社会が得る便益と、万が一の事態が起こる確率とその損失、リスクを小さくするために社会が支払うコストなど、いわば費用対効果を推定するところにおもしろさがあった。

リスクの捉え方は人によって違うし、置かれている暮らしの状況によっても変化する。科学的な基準だけでは割り切れないときもあるし、逆に科学的な合理性があることで判断できることもある。

福島第一原発事故以降、放射性物質によるリスクについてはさまざまな報道や議論がなされ、ときには社会的分断も生まれた。しかし個々人が生活の中で、そのリスクについて何を思い、どう判断したか。こうした当たり前のことを掘り下げたものはなかなか出てこなかったように思う。

その理由はいくつかある。

震災前からリスク論を取材していた私の目から見ると、まだまだメディア業界でも何かにつけ善悪二元論、安全派か危険派に分けたほうが「わかりやすい」という考えが幅を利かせていた。放射性物質を例にとれば、一つの記事の中で、「危ない」と訴える人の意見を載せ、「そこまで心配しなくてもいい」という人の声も載せる。そうすれば中立的な記事になるという考え方だ。大事なのは考えるプロセスであるにもかかわらず、レッテルを貼って終わることが多いように思えた。レッテルを貼ったところで「わかりやすさ」は生まれず、単純な二項対立という構図が強まるばかりだった。

リスク論は二項対立に与しない。二つの立場にわけるような極端なことをせず、その中間で考える。しかし、いきなりリスク論というモノサシを使って議論しようと言われても、とてもではないが難しかったというのが一つ。

リスク論的な思考が社会に広がらなかったもう一つの理由は、人々の「声」を自分の主張に利用しようという人たちが一定数いたことだ。

例えば、原発再稼働を望む住人の声を、再稼働を主張する根拠にする人たち。事故で故郷を失った人の声を、反原発運動の旗印にする人たち。主張の善悪はともかく、他の人の声を自らの目的達成のために利用している点では同じだ。

運動に限らず、「被災者」であれ「福島の人」であれ、大きすぎる主語が発したとされる声には、それを伝える側の主張が貼りついているように感じられてしまう。その声に科学的な合理性があったとしても、別の思惑でパッケージされていると思える限り、私はできるだけその声から距離を置いて考えたいと思った。

これは科学的な思考法を軽視するという意味ではない。科学が示す根拠は大事にしながらも、それだけではすくいきれない個人の声を拾う。生活者の側からリスク論を捉え直すという意味合いもあった。「人々はリスクについて考え、判断している」という言葉で一言にまとめるのではなく、もっと細かいプロセスをたどりたかった。

考え方について大きなヒントをくれたのは、私が毎日新聞時代の二〇一四年に展開した企画「福島をどう描くか」（「毎日新聞」ニュースサイト二〇一四年五月二一、二三、二八日）で出会った漫画家たちだった。原発で働いた経験を描くルポ『いちえふ　福島第一原子力発電所労働記』（講談社）の竜田一人《たつたかずと》さん、福島県天栄村に家を持ち、「そば」を通して福島と食の関係を探った『そばもん』（小学館）の山本おさむさん、福島県白河市に住み原発事故からの再生に奔走する福島の高校生たちを描いた『はじまりのはる』（講談社）の端野《はの》洋子さんの三人である。

彼らは事実を軽視しない。福島の農産物は危険である、あるいは福島には住めないといった声には、データをもとにして異を唱えていた。作品を裏付けるように、その後も科学的事実は積み上がり、平易な言葉でまとめられた本が何冊も出版された。いまでこそ科学的事実を知ろうという取り組みはそれなりの広がりを見せているが、彼らが連載を始めた当時はまだまだ足りなかった。

彼らは「原発労働者」を代表しようとも、「福島の人」を代表しようともしない。あくまで個人で見聞きし、考えたことを作品として表現する。いまもよく覚えているのが、端野さんの言葉だ。インタビューから引用する。

私が実際に体験したことでもありますが、震災を機に、抱えていた家族関係や不安感、人の性格などの理由も重なり、孤立しがちな人たちが一定の割合でいます。その中には生活に関するすべての不安を「放射性物質」の問題であったり、「原発」の問題として語ろうとする人もいます。

よくよく話を聞いていると、科学的な知識を一方的に語られてバカにされたと思ったり、疎外されたような気持ちになっているということが分かります。そもそも科学じゃなくて自分が抱えている感情をなんとかしてほしい、と思っている人もいる。こうした人たちは周囲から置いてきぼりになりがちです。どう対応していくかという問題が次のステップにはあるだろうと思っています。

（中略）

いくら住んでいます、当事者だといっても、そもそも福島県自体が広大です。さらに同じような被災をしたといっても、AさんとBさんで立場が違えば感情も違う。それをひっくるめて、代表的な福島県人などいないということを常に注意していました。（中略）大事なのは「分別」です。

端野さん自身、個人として怒りを感じていないわけではない。感情と表現のバランスをとることに人一倍の苦労があったことも、言葉の端々から伝わってきた。しかし、そこから生まれた表現は、葛藤ゆえに思慮深いものになる。

私もまた、ただそこに行って、話を聞いているだけだ。彼ら以上に、丁寧に言葉を聞かない限り何も見えてこない。事実を知り、大きな主語で語ることから離れ、個別の考えに接近する。

ここから先に登場する人たちは、たまたま私が出会っただけであり、それぞれが何かを代表しているわけではない。一人一人の言葉には、原発事故とリスク、そして自らの生活に対する、個人の価値観が流れている。

｜ なぜ農家は米を捨てたのか

「せづねぇぞ〜」。彼の自宅の時計は午後一一時をまわったあたりを指している。二〇一七年一月、夕方から始まったインタビューは、グラスを傾けながら、深夜まで続いていた。畳の上にあぐらをかき、赤ワインを片手にのけぞるようにして、彼は大きな声で叫ぶ。

リスクが低いことなんてわかってんだよ。でも、どうしても無理だった。人には勧められたし、出荷もしたのに、どうしても息子には食わせられねぇって……。俺の罪悪感はずっと消えないんだ。

自宅に着いてから着替えもそこそこに、紺色の作業着姿のまま延々と語った。

福島第一原発事故が起きた年の秋のことである。彼、四九歳（取材当時）の農家、遠藤眞也さんは自宅裏にある小高い山に自分で作った米を捨てた。遠藤さんの家は原発から南に二七〜二八キロ、いわき市末続地区の一角にある。

量にして二四〇キロ分、つまり一年間で自分たちが食べる米のすべてを捨てた。周囲に人目がないことを確認し、袋から米をばらまいた。バーッと流れていく米の音が、どこか遠くで聞こえているような気がした。

この年、福島第一原発のもっとも近くで収穫された米である。検査はクリアした。「人には食べてと勧めることはできた」が、当時五歳になったばかりの息子には、どうしても食べさせることができなかった。

遠藤さんの本業は家の基礎工事などを請け負う土建屋である。しかし、兼業とはいえ米農家の端くれという自負はあった。米を捨てることが、自らの信念に反していることも、農家としての倫理に反していることもわかっていた。

彼は、この一件を自分の生き方の問題なのだと捉えている。

遠藤さんと最初に出会ったのは、二〇一四年五月六日のことだった。友人のカメラマン・高井潤さんから、末続地区に通って撮りためた写真で写真展を開く、開催場所はこの地区の集会所なので遊びにこないかと誘われたことが始まりだった。

末続はいわき市最北端にある小さな地区である。震災前は約一三〇世帯、五〇〇人前後が暮らしていた。常磐線と国道六号線が通っており、国道を東に折れれば海が広がり、西に行けばセンターラインもない道路の両脇に田園風景が広がる。昔ながらの日本家屋がぽつぽつと並び、多くの住民は昼間の仕事とともに、季節になれば米農家として畑仕事に勤しむ。

高井さんは日経新聞などの仕事も請け負うカメラマンで、原発事故後は末続に通って報道写真を撮る合間、合間に彼らの生活やお祭りの様子を撮影していた。プロの仕事として被写体と向き合っていたが、単にお金のために通っていないことはすぐにわかった。

撮りためていた写真は、当時、売ろうと思えばいくらでも売れた「苦悩する住民の姿」や、「立ち入ることができなくなり時間が止まってしまった街の悲劇」といった文脈から原発事故を捉える報道写真ではなかった。どこにでもありそうな田舎の風景や、そろいの白い衣装をきた住民たちが神輿を担いで海に向かう祭りの光景だった。

最初の興味は、彼がなんでこんな仕事をやっているのか、ということだった。行けば何かはわかるだろう。もしかしたら取材テーマも見つかるかもしれない、そんな打算もあった。

いわき駅で特急を降りて、レンタカーで国道六号線を三、四〇分も走ると末続に着く。短い坂を登りきった小高い場所にある集会所は、およそ写真展の会場とは思えないような空間だった。入ると額に入った写真が並んでいる。会場の真ん中では、敷かれた座布団の上で住民たちが「あのときはこうだった」「この写真を撮られたときは……」と話していた。

撮影した高井さんが説明をするだけでなく、被写体自らが説明している不思議な写真展だった。ここで説明していた「被写体」の一人が遠藤さんだった。

高井さんの写真を睨むように見ながら、坊主頭で強面の遠藤さんは「俺の写真を勝手に撮りやがって。こっちに金を払え」と悪態をついていた。これが最初の出会いだった。言葉は荒っぽいけど、どこか憎めない悪戯っぽい笑みを浮かべていた。

他の住民も「私も勝手に撮られた」とか「高値で売ろうとしてるんだろう」と好き勝手なことを言いながら談笑していた。その表情は、高井さんが撮影した顔と同じだった。

「福島は住めない」でもなく、「科学的には問題なく住める」でもない。外から貼られるどんなレッテルも関係なく、自

遠藤眞也さん
Jun Takai for BuzzFeed

分たちが決めたことを、自分たちで取り戻した人々の表情だった。

彼らがこの表情を取り戻すのにどれだけのことがあったのか、それを知りたいと思った。この日は遠藤さんや地区の人たちと数時間、話しただけで終わったが、私はいつかまた取材をしようと決めた。

遠藤さんの話を聞きながら、ふと居間を見渡すと、仏壇と、壁にかけられた亡くなった先祖の写真が目に入ってくる。末続で暮らす人たちにとって、田んぼは先祖から受け継ぐものであるとともに、次世代に引き継ぐものである。

原発事故が起きた二〇一一年、すぐ北にある広野町が住民の避難を決めたため、「ただの田舎」であるはずの末続は、一時的ではあったがもっとも原発に近い居住可能エリアになってしまった。言い換えれば「最前線の集落」だ。自分たちは住み続けていいのか？　いまの生活を続けていいのか？　多くの住民が悩み、答えを出そうとした。

遠藤さんもまた、その一人だ。

遠藤さんは東京出身である。生まれて間もなく両親が離婚し、母の実家がある当時の平駅、現在のいわき駅の近くに引っ越すことになった。父の姿はうっすらとしか記憶にない。より鮮明な幼少期の記憶は、母に手を引かれて、どこかの建物に向かったことだ。いまから考えれば、それは裁判所や役所で離婚の手続きを進める母の姿だった。

中学を卒業すると、本人曰くやんちゃなほうへ、やんちゃなほうへ一歩ずつ足を踏み出していく。当時のヒーローは横浜銀蝿とハマショー、少し大人ぶりたいときに聴くのは矢沢永吉と決まっていた。

高校に進学したものの、バイクに乗っては停学、タバコを吸っては停学を繰り返す。最後はバイクの無免許運転が決定打となり、見事に退学とあいなった。

見かねた親族は、彼に「このまま道を踏み外し続けるのか？　それだったら手に職をつけろ」と言った。一六歳で飯場に放り込まれる。そこには、道路工事を目当てに日雇い労働者たちが全国から集まっていた。当時のいわき市は高速道路の工事が次から次に舞い込み、「はぐれもの」であっても仕事や金にありつけるエリアだった。街では不良として鳴らした遠藤少年にとっても、飯場の光景は衝撃的だった。

いい年の大人が酒に酔った勢いで、いきなりケンカを始める。「てめぇ、この野郎」からエスカレートし、そのあたりに転がった包丁や、彼らが持参した刃物がいきなり持ち出される。ケンカは四六時中起こった。その中であっても、黙って飯を食わないと生きていけない。

飯場で生きる知恵を身につけた、と彼は思っている。人生で大事なのは、人を見る目があること、そして最後は自分で決めることだ。そう少年は学んだ。

「俺は中卒だから、頭で勝負してもダメ。自分で考えるだけじゃなくて、まずこの人は頼れるかどうかをよく見る。大事なのは裏切りそうにないかだな。大丈夫そうだと自分で決めたら、ついていくんだ」

工事にありつけるかどうか、どんな仕事ができるかは人と人のつながりで決まる。それが飯場の掟である。そこを理解できると、まとまった額を自分の腕で稼ぎ出せるようになった。運転免許を取り、頭に剃り込みをいれ、二〇歳前には大きなアメ車を乗り回す。どの程度稼いでいたかは、この事実だけでわかるだろう。

のちの妻となる美香子さんと出会ったのもその頃だ。末続に住む美香子さんに会うために、アメ車のうるさいエンジン音を響かせ、帰りは家まで送る。そこはつまり、自身が婿養子として入ることになる遠藤家である。

結婚話はトントン拍子に進んでいったが、結婚後どこに住むのかで、遠藤家とは揉めに揉めた。美香子さんの父も祖母も、「末続に住んで通え」と言う。美容師の見習いだった美香子さんや遠藤さんは当然、市街地に住みたい。

「なんで、こんな田舎に住んで、仕事に出ないといけないんだ」

いわき市は広く、地域ごとに人や街も違う。中心部である平の暮らしが長い遠藤さんからすれば、車で四〇分以上かかる末続は田舎そのものだった。

結局、結婚話は破談となった。もっとも、彼も「こんな田舎に」と言い放ったわりに、そこまで悪い印象を持っていたわけではない。

「送り届けていったら、車のライトじゃないのにやけに明るいなぁと思ったの。そしたら、道端にホタルがいたわけ。いわきにもまだこんなところがあるのか。こんなところで子育てもいいなぁとは思ったんだよ。いまじゃねぇなとは思ったけど」

工事現場を求めて、いわきを拠点に全国を転々としていた遠藤さんだったが、バブルも崩壊し、いよいよ仕事もなくなった。転々とする生活もそろそろ潮時だった。いわきで職を見つけ、結婚しないまま一五年以上付き合いを重ねた美香子さんと、三〇代半ばにして結婚した。新居は、あれだけ嫌っていた末続の家に決めたのだった。

遠藤家は代々、その土地で生きてきた旧家である。独自のしきたりもあった。その一つが米だ。米は本家が作り、親族に配ること。義父の喜久さんは遠藤さんにもそれを求めた。遠藤家の田んぼからは、三〇キロ袋換算で五〇袋前後の収穫が見込める。それを自分の家だけでなく親族にも配り、一年かけて食べる。

「米なんてそんなに苦労して作らなくても、スーパーで買えばいいだろう」。毒づく遠藤さんに、義父は少し悲しそうな顔をしながら「俺が死んだらお前が決めていいから、いまはそんなことを言うな」と言った。

米作りのシーズンになると、遠藤さんの休日を狙ったかのように畑仕事を割り振り、手伝うように仕向ける。「わざわざ、休みの日に無駄なことをさせやがって。こっちは働いてるんだから休ませろ」とここでも毒づくのだった。

米作りをめぐって諍いが起きたことは何度もある。手伝わせようとする義父、拒む遠藤さん。父親の記憶をもたない遠藤さんに三〇代も半ばになって、初めて「親父」と呼べる人があらわれた。だから、どう接していいのかわからなかったのだ、といまなら思う。

口論は決まってエスカレートしていくのだが、たいていは遠藤さんがこう言い放って終わる。「婿養子にきてやっただけありがたいと思え」。このときも、「親父」は少しばかり悲しい顔をするのだった。

いまから思えば、ここまで毒づけたのは、日常が当たり前のように続いていくと思っていたからだ。来年も再来年も、この時期になると親父とともに田んぼに稲の苗を植えて、秋になれば収穫する。それをまた一年間かけて食べる。ずっと変わらない、そう思っていたから言えたことだった。

二〇〇六年、妻と知り合って二五年以上、やっと生まれてきた息子に優将《ゆうしょう》と名付けた。孫ができたことをことさら喜んだのは親父だった。それなのに、やっと孫と遊べるようになってきた頃、親父は逝ってしまう。

肝臓が悪いことがわかり「ちょっと入院してくる。もし死んだら、この家は頼んだぞ」と言いのこして出ていったきり、そのまま帰らなかったのだ。

二〇一〇年のことである。

ショックはあったよ。うん。やっぱり俺にとって「親父」と呼べるただ一人の人だったし、背中を見て学んだところもあったと思うんだ。父親を知らない、俺が父親になって、誰を見たらいいってそりゃ親父になるわけだよ。

親父にしてみれば、米作りは「生きがい」なんだよなぁ。

この家にとって、俺は中継ぎなんだよ。息子が生まれて、親父が亡くなって、すっとそう思ったんだよね。俺が継いだときは、さっさと米作りなんてやめて、スーパーで買ってやるって思っていたのに。

休みの日にわざわざ畑仕事をいれてたのは、俺に米作りを教えようとしていたんだよね。その意味を、亡くなってからやっとわかったんだ。

この土地って俺だけのものじゃねぇなぁって。先祖代々のもので、外からきた俺が勝手にどうこう決めていいもんじゃない。親父がこれだけやってきたものができなかったら、カッコ悪いでしょ。

あぁ、あそこの家ってお父さんはすごかったけど、婿養子はダメだねとか言われたら、息子にいい格好できないじゃない。わかるでしょ。俺は中継ぎとして、親父がやってきたことをそのままやって、やめるかどうかの判断は息子が決めることだと思ったんだよ。

選択肢を残すことが俺の役割だって。やっと自分の役割が本当にわかったっていうか……。

引き継がれたものは、次に渡さないといけない。それが、この土地に根付くシンプルなルールであり、伝統と呼べるものだ。

「親父」から受け継いだものを息子に渡す。遠藤さんが固めた決意は、二〇一一年に試されることになった。

三月一一日。彼はいわき市内、川沿いの工事現場で揺れを感じている。

「おぉこれは大きいぞ」。工事はすぐさま中止になり、勤務先の美容室にいた妻、市内にいる母親と次々と連絡を取った。無事を確認し、とりあえず末続の自宅に集まることを決める。

あの日の記憶はあまり正確にはないんだよね。沿岸部の久之浜のほうで津波がひどくて大変だというので、同僚と一緒に見にいったんだったかな。

たぶん、夜だったと思う。見慣れた風景が全部なくなっていて、ところどころ明るくなっているなぁと思っていたら、それは火災の炎だったんだよ。

えらい渋滞で、いつも使っている幹線道路がとにかく動かなかったんだ。だから時間をかけて山のほうからぐるっと回って、末続の家に着いたんじゃないか。

電気は止まっていたし、携帯もろくにつながらないから、内陸のほうは、津波のことはほとんど知らなくて、地震大きかったね〜なんて話をしていたんだよ。

埼玉に住む妹から何度か「大丈夫か」ってメールが入ってたんだ。俺は地震と津波のことを聞かれていると思って、大丈夫だと返した。妹はそうじゃなくて、原発は大丈夫か？という意味で聞いていたんだよ。

このへんじゃ、原発は遠足でも行くようなところだし、関連企業も含めて原発で働いている人もたくさんいるからさ。簡単に壊れるわけないだろうって思ってた。

いま思えば安全神話をすっかり信じていたんだよね。信じさせられていたっていうか。事故が起きるなんて少しも疑ってなかったんだから。


テレビがつかないため、原発事故のことはまったく頭になかった。むしろ、テレビで状況を注視していた妹のほうが状況には詳しかった。

「原発はもうダメ。早く避難して」

「そうは言っても、ガソリンが……」

「走れるところまで避難したら、あとは私が迎えにいくから」

当時、息子は四歳だ。もし、いま避難しなかったらどうなる。とにかく逃げようと埼玉を目指して、家族を乗せて車を走らせた。

原発三〇キロ圏内なんて意識したこともなかったが、末続もその中にあることを知る。やがて、いわき市は圏内の住民に自主避難を要請し、三月一五日には国から圏内に屋内退避指示が出ることになる。

自分たちで避難を決めたが、それは時間の問題で、ほんの数日前まで何も疑問を持たずに暮らしていた地区は、一転、避難を余儀なくされる地区になったのだった。

埼玉に着いてテレビを見ると、ニュースは原発事故のことばっかりで本当に驚いた。あれだけ大丈夫、大丈夫、事故があっても大丈夫だって言ってたのに、水素爆発でボーンって原発が吹っ飛ぶなんてね……。

末続はもうどうなるかわからないけど、とりあえず、自分の目で見ないことにはどうしようもないと思ったんだよね。

シーベルトとかベクレルとか、数字言われてもよくわからないし、本当に住めるの？どうなの？ってところが知りたかったんだ。

で、避難して少したった三月中旬から下旬だったと思うけど、妹の旦那の会社が、被災地に車で支援物資を届けるっていうから、頼むからいわき市に行ってくれってお願いしたんだ。俺も一緒に行くからって。

友達や職場の同僚も残っていたし、街の様子を自分の目で見たかったんだ。水だ、カップヌードルだって積んでいったんだよ。結局、このあと、東京といわきを一〇往復くらいしたと思うんだけど、なんかだんだん街の様子が落ち着いていくのがわかるんだよ。支援物資ものすごく届いているし、そのうち電気やガスが通ったなんて情報も入ってきて、いわき市内は大丈夫だし、帰れるなって思った。

決め手？

市内を歩いても人がいて、みんな生活していたこと。これ以上の決め手はないよ。嫁さんの美容室がいわき駅近くの平にあるんだけど、そこの上が住宅だったし、ここならしばらく住めるかなぁって。


やがて、国は三〇キロ圏内の屋内避難指示を解除する。四月二二日のことだ。

遠藤さんは、一方的に「大丈夫だ」と言われたように感じている。避難が必要です、と言われて避難をしたのに、それがどうして戻って良くなるのか。国や行政の言うことは本当に信用していいのか。

生来、自分のことは自分で決めたがる遠藤さんは、腹をくくり単身調べに行くことを決める。

末続で暮らせるとは思ってなかった。三〇キロ圏内は線量が高い、高いってずっと言われてて、国もマスコミもみんな騙していると思ってたからね。

この先、補償金って出るのかなぁとか、俺はそれで生活していくことになるのかなぁ、とか。でも、「家を頼む」と言われたし、本当のことがどうなっているのかは、自分の目で確かめないと、と思ったんだ。


「こんな話をしていいのかな。笑うかもしれないけど、当時の気持ちをそのまま話すよ」。声は大きく冗談も交えながら話す遠藤さんが、このときばかりは少し真面目な表情を見せた。タバコに手を伸ばし、そっと吸い込み、紫煙をふうっと吐き出す。呼吸を置いて、話は続く。


あのとき、俺の頭にあった放射能のイメージって「はだしのゲン」なんだよ。三〇キロ圏内に入ったら、鼻血が出て、少しずつ体力が落ちていって、病気になる、みたいな。

いま思えば失礼な話なんだけどね。でも、当時は大真面目に末続の様子を確かめたら俺は死ぬかもしれない、と思ってたんだ。

怖かったし、不安なんて山ほどあるよ。でも、頼むって言われた家を誰が確かめにいくんだよって思ったんだ。

　だって、山一つ、トンネル一つで避難するところと住んでいいところが分かれるって普通に考えたらおかしいよね。納得できるわけない。あっちは避難、こっちは住んでいい。どこで線引きできるんだよ。おかしくねぇか？

　国やいわき市や東電は、個別の家のことを調べてくれるんですか？　どうせ、安全です、住んでいいですよって言うに決まってる。本当に住めるかどうかを決めるのは、俺だって思ってた。

「息子よ、お父さんはお前の家を調べにいって、力尽きる」。これなら、まだ格好がつくかな、なんてね。俺が納得できないなら、子供を住まわすわけにはいかない。土地がどうなっているかを調べないと、選択肢を子供に残すこともできない。

　受け継ぐってそういうことで、原発事故があったから俺が勝手に田んぼを処分しましたっていうのはダメなんだよ。

　自分の使命を放棄するのは、親父として一番ダメなんだ、と思っていた。ここで死ぬことも仕方ないって思ったけど、いまから考えれば、大げさだよなぁ。


　友人から借りた線量計は、振り切れてエラー表示が出た。

校正（正確に測定するためのメンテナンス）もできていないシロモノだったからだ、というのはいまだから言えることである。当時は「やっぱり国は騙しているんだ。危なくなるのはいつかな……」と考えていた。

ところが、いわき駅前の家に帰っても体調はいっこうに悪くならなかった。何日たっても、とりあえず生きている。

あれ、意外と生きられるもんだなとか、考えていたなぁ。

これは、最悪な状況ではないなというのは、少しずつわかってきたの。でも、どのくらい危ないのか。自分の目で確かめないと納得できないのよ、俺は。

その頃、ちょうど、同じ三〇キロ圏内の地区に木村真三さん（放射線衛生学者、獨協医科大准教授）がきていたの。放射能汚染の状況を地図にしようって話していて、注目されていたんだよね。

俺は無理やり潜り込ませてもらって、地区の住民対象の説明を聞きにいったんだ。

木村さんはそこで、放射性物質は目に見えないけど、目に見えるようにする方法がある。土壌を測定して、地図を作ることだって言うんだ。

もう、これだ！と思ったね。末続でも地図を作ればいいんだ。そうすれば、どこが線量高くて、どこが低いかわかる。実際に調べればいいんだって。

俺も迷ってたし、何を信じていいかわからかなったけど、自分でやることなら、責任も取れるし、信じるしかない。

死ぬかもしれない、と思ってた俺は生きているわけだから、死ぬ気でこれをやるんだって。嫁さんは美容室を再開しようとしてたけど、俺はまだ仕事もなかったしね。パチンコでもやって終わるんだろうなぁってぼんやり考えてたけど、目標ができたんだよね。

守れるもの、残せるものは全部守りたいし、残したい。「息子よ、父ちゃんはお前のために地図を作る」。これだよ。

二〇一一年の夏の時点で、地区に戻った住民は半分もいなかった。地図作りを思いついたはいいが遠藤さんは「よそ者」で、強面である。勝手に他人の家を測定したり、土を掘り返したりしていいのだろうか?

その頃、福島に限らず全国各地であそこの線量が高い、ここの線量が高いと勝手に測定して公表する人たちがいた。同じことをやってはいけない、と思った。

震災前には地域に友人も相談相手もいなかった遠藤さんは考える。やはり一軒、一軒訪ね歩いて許可を取るしかない。彼なりの仁義だった。

測定の許可を求めて地区を歩きまわる。

「わかったから、ちょっと貸してみろ。俺から頼んだ方が、お前（遠藤さん）から頼むよりうまくいくから」。手間だけがかかる遠藤さんのやり方を見かねたのか、協力を申し出てきたのは、これまで話したこともなかった、というよりお互いに少しばかり敬遠していた、昔ながらの地域の顔役だった。誠実な口調であり、申し出はその通りに思えた。ここは頼ってみよう、と言われるがまま彼に任せたところ、ほどなくして地区全体の同意がとれたことを告げられた。

やはり、と若かりし頃に身につけた知恵を思い出す。生きるために必要なのは人を見る目である。

検討を重ねた結果、末続地区全世帯を含む七〇〇箇所の空間線量を測ること、そして地区の誇りであり家の財産でもある田んぼ約五〇〇箇所の測定、これは地下五センチと一〇センチの計一〇〇〇サンプルで測ることが決まる。最後の問題はお金だ。

この頃、原発周辺で人が住める「最前線」になっていた末続には、科学者やNPO関係者が大量に押し寄せていた。この人たちに頼んでみるかとも考えたが、大半は頼りになりそうにないと彼の目には映っていた。

本当は住めないはずの場所に住む「かわいそう」な住民、として接してくる人。調査するなら何度も足を運んでほしいのに、近くまできたことで満足する人。一度だけの〝視察〟で何がわかるのか。こっちは生活がかかっているんだと思い、話しても腹立たしさだけが残るのだ。

一度、脱原発・脱被曝を掲げる有名人の講演で質問をしたこともある。「息子がいて、こいつのために三〇キロ圏内にある地区で測定をしている。そうまでして、末続に住もうと思う俺は間違っているのか」。

回答は引き出せなかったが、周囲から聞こえてきたのは「子供がかわいそうだ」「そこまでして住むのか」という声だった。

遠藤さんは思う。そういう態度は、口では「ご迷惑をおかけした」と言いながら、その後は何も手伝ってくれない国や東電と同じではないか。一見すると反対の側に立っていて、自分では良いことを言っていると思っているかもしれないが、行動は彼らと同じだ。頼れる人、頼るに値する人をふるいにかけて残していった。結局、お金を払って地元の業者に委託することにした。

そして、遠藤さんは人生に二度しかない土下座を立て続けに経験することになる。

一度目の土下座は業者に。最初に要求された費用は五〇〇万円だった。

「え？　そんなに」と驚く彼に、業者は淡々と説明がする。

「採取と合わせたらそれくらいになってしまいますよ。だって一〇〇〇検体も採るんですよね」

「じゃあ、検体を採るのは自分たちでやります。その代わり、計測だけ一〇〇万でやっていただけないでしょうか」

ここで土下座をする。一〇〇万円に根拠があったわけではない。なんとなく、最終的に自腹を切れると思った額だった。

業者も折れた。

「わかりました。検体の用意はお願いします。検査だけなら一〇〇万円で引き受けます」

そして、末続の地区長の家にも向かう。

自腹を切る前に交渉だけはしておこうと思ったのだ。末続地区には、地区の行事に使うために住民が共同で積み立てているお金があるはずだった。

「区長、お願いがあります」と、ここで人生二度目の土下座をする。

「なんだ」

「放射能の汚染地図を作る調査のために、一〇〇万を貸してください」

「貸すのはいいけど、返すあてはあるのか?」

「国と東電から取り返します」

ハッタリである。しかし、国策として原発政策を進めてきた国、事故を起こした東電に責任があることは明白だ。「何もやらないなら、俺たちがやる。だったら費用くらいは払ってもらうのが筋ってものだ」と考えていた。

一〇〇万円の前借りは成功した。

こうしてできあがった計測データはファイル四冊分になった。データを線量別に落とし込んで地図にすると、印刷分にして約四〇〇〇枚に達する資料ができあがった。これらをすべて、遠藤さんは黒いスーツケースに入れている。

線量については勉強したし、データの読み方も学んだ。結論から言えば、もちろん人それぞれだけど、生活するには問題ないと言える線量だった。

この土壌データなら、米を作ることには問題ない、と俺には思えた。子供と一緒に住むなら、地域の線量はこれくらいまで下がったら戻れるというめどを、自分なりにつけることができたのも収穫だったな。

データは交渉にも使えるし。例えば市役所と除染の交渉をするときにも、ほら、これ見ろ、当時はこんな線量だったんだ、と言えるじゃない。

でもなにより、やりきるってことが一番大事だったんだ。自分たちで、自分たちの住むところの状況を把握する。国や東電が押しつけるモノサシじゃなくて、自分たちでモノサシから作るっていうか。そういうのが大事だったんだ。

お金はね、ちゃんと東電から回収できたんだよ。俺が会長になって、「末続ふるさとを守る会」っていうのを作って、その団体から請求することにしたんだ。交渉も一筋縄ではいかなかったけど、最後まで押し切った。これは払うのが筋だろうって。

そのとき思ったの。

これは、どっかの犬が玄関前に糞をしたとします。さて、この糞を誰が片付けますかって話だ。

飼い主のところに電話して、糞を取りにこさせますか？　そんな時間はもったいないから、自分で片付けて、あとで抗議するよね。そういうことなんだよ。

残った問題は米だった。二〇一一年は自主的に地区全体で作付けを取りやめることに決まった。遠藤さんはそれが疑問だった。

「実際に作ってみないとわからないだろう」

地図作りを進めながら、規制には従わず、三〇キロ袋換算で震災前の半分以下、一六袋分だけ作った。二〇一〇年に親父が亡くなってから、自分だけで作るのは二回目だった。

やってみないとわからなかったが、できなくもないだろうという漠然とした思いはあった。収穫した米からは最大で一キロあたり五〇〇ベクレルの放射性物質が検出された。

おかしいな、と思う。ある袋の米は一キロあたり八〇ベクレル、別の袋は二〇〇ベクレル前後と振れ幅が大きすぎる。米そのものが原因ならこんなに振れ幅は大きくならないはずだ。別の混入経路があるのではないか。

結論からいえば、籾すり機や乾燥機に付着したほこりが混入したことが原因だった。放射性物質はこんなところにも飛散している。原発事故の現実をまざまざと見せつけられた気がした。

問題点がわかれば、さして怖がる数字ではないと思った。事実、出荷制限をクリアしている袋がある。玄米からさらに精米して、米を洗えば数字は下がる。袋を入れかえても下がるだろう。

自家用を八袋分確保し、残り八袋分は検査をクリアしていたため農協買取り分として出荷した。

他人に勧めることだってできるのだから、当然、家族に食べさせることもできる。しかし、遠藤さんにはそれができなかった。

五〇〇ベクレルの米っていっても、実際はほこり混入が原因だから、それを取り除いたら八〇～九〇ベクレルなんだよ。そのあと測ってもそのくらいだったし。

できはいつもと同じように良かったし、決して食べられないものじゃないことはわかっている。自分だったら食べるし、人に勧めることもできる。現に検査して出荷だってしたんだ。

でも、息子に食べさせることはできなかった。

せづねぇぞ。これは。てめぇが口にしないものを人に勧めるって罪悪感はどうしたって、残るぞ。消えないんだ。

俺は米農家で、米は大事にしろって言ってるのに、自分で山に捨てたんだよ。あの日のことは、ずっと記憶から消えないだろうな。

俺は裏山に捨てながら、人にはこれを食べてくれって勧めているんだって思うと、罪悪感しか残らないよ。

もう、これくらいならリスクは低いって頭ではわかっているのに、子供に食べさせようとしたときに、ふとよぎるんだよ。

三年後、五年後はどうなるの？　お前責任取れるのかって。

俺は息子に米作りを続けるか、選択肢を残すために、線量を測って、米が作れる土地と生活を取り戻そうとしたけど、避難した人の気持ちや、福島産の生産物を食べたくないって人の気持ちもわかるんだ。

俺は自分が作った米を、米農家なのに息子に食べさせられなかったんだから。

何をどこまで食べるかって個人の自由だから。親ってそんなもんじゃないかなぁ。頭ごなしに批判しちゃダメなんだよ。俺も否定する権利なんてないんだ。

無念さだけが残ったこの年の作付けだったが、二〇一二年は地区全体で解禁され、大豊作となる。

一年目の経験に学び、遠藤家の米は放射性物質の基準値をすべてクリアするだけでなく、これなら子供にも自信を持って食べさせることができる、と納得できる値になった。大事なのは数値そのものではなく、数値が持つ意味を理解した上での納得だった、と遠藤さんは思う。

もう二度とできない、と思ったこともあったけど、できるんだよ。もう住めないし、俺が終わらせてしまうって思った場所で、原発事故の前と同じように田んぼに稲穂が実る光景を見ることができてね。これなら、食べさせられるぞって。親父との約束も守ったし、俺も親父として息子の選択肢も残したんだ。もう、これで大丈夫だと思ったね。

末続に住む人たちは、みな自分たちの米が一番美味しいと言う。遠藤さんは遠藤さんの米が一番だと言い、別の家は自分たちこそが一番なのだと主張する。

他の地域からやってくる人たちには、とりあえず「末続で取れた米」がうまいという。たぶん、それが文化と呼ばれるものなのだろう。ただ暮らすだけでなく、土地とともに生きるということ。それこそが自分たちの暮らしである。彼らは彼らの暮らしを取り戻そうとしていた。


「俺、原発事故で苦しいいし、辛いこともたくさんあったけど、楽しかったことだってあったんだよね。いろんな人とつながることができたし、みんなで乗り越えることができた」

こう言ったら誤解されるかもしれないけど、と断りながら出てきたのは「楽しかった」という言葉だった。

テーブルの上には、遠藤さんたちが作った地図が広がっていた。それは原発事故で奪われたこの土地の暮らしを取り戻そうとしてきた過程そのものである。「楽しい」という言葉は、その過程の中で遠藤さん自身が役割を引き受けていったからこそ出てきた言葉である。

最後に、遠藤さんたちが作った地図そのものが、科学的に貴重なものとして注目されていることも、少しばかり記しておいてもいいだろう。末続地区は原発事故と向き合う地域のモデルケースとして、科学者だけでなく、国際機関の視察、調査が頻繁にある地域になっている。

科学者の先生たちの中には何回もきてくれる人もいるから、そういう人は信頼しているんだ。頼っても大丈夫だ。

俺がいいなぁと思うのは、何度もきてくれる人。またくるよっていって約束を果たす人。一緒にリスクを考えてくれる人。あと、自分で決めたことを尊重してくれる人。えらい先生だろうが、なんだろうが、大事なのはこれだな。

憐れみとか同情はいらない。

いろんな科学者がいたよなぁと、しばらく思い出話にふけっていた深夜二時過ぎである。

「憎しみや怒り、不安って……」。遠藤さんがまた真剣な表情に戻り、ぽつりぽつりと語り出す。

六年たって思うんだけど、憎しみや怒りって強い力があるじゃない。争いも起こるし、それを利用とする人たちもいる。でも、それって俺がここでやりたかったことと違うんだよね。

国や東電に対する怒りは当然あるよ。でも、それは俺の怒りであって他の人に利用されるのは嫌なんだよね。

遠藤さん自身、不安は残っている。だから、末続の自宅での生活を完全に再開したのは二〇一六年の夏だ。一時的な居住先だったはずのいわき駅前の家に、五年住んでいた。

週末に末続に泊まったり、祭りがあるといえば駆けつけたり、田植えのシーズンとなればしょっちゅう立ち寄り、「米作りの師匠」と呼ぶ老人と話し込んだりしていたが、どこで家族を連れて戻るのか。決断は最後の最後まで慎重だった。

父親だから不安があるに決まってるじゃない。でも、それは放射能の不安だけじゃなくて、交通事故にあわないかな、とかインフルエンザにかからないかなとか、そういうことだよ。リスクなん

て、いろんなところにあるんだから。

息子は（いわき駅前の家の近くにある）平の小学校にいれたし、そこでの友達関係もあるしね。生活変えていいのかなぁとかそういうのも考えるでしょ。

息子の話になると真剣な顔は崩れ、やがて顔がにやけ始める。

夜も更け空の酒瓶も増えていく。結局、原発事故で遠藤さんが一番考えたことはなんですか？という質問に、〝親父〟はこんな味のある言葉を返してくるのであった。

原発事故で考えたのは、どうやって生きるかってことだよ。辛くて、これはもうダメだと思っても、知恵と行動で乗り越えられることがあるってことを、息子よ、親父は背中で教えたかったのだ。

2　もう住めないといわれた村で

二〇一六年、福島県飯舘村に真新しいログハウスができた。菅野クニさん（六五歳）と夫の元一さん（六六歳）たちの新居である。除染のため伐採された自宅裏の木々を利用した家だ。

「一度はゴミ以下、ただの放射性物質扱いをされた木ですからね」

クニさんに案内されるまま家の中に入る。丸い木のテーブルがあり、椅子に座るよう促される。右斜め前には大黒柱があり、その目の前に元一さんも座っている。

コートを脱ぐ間もなく家の話が始まる。「これ、これを見てください。この大黒柱は私が教員になったとき、初めての給料をもらったときに植えた杉で……」。

菅野家に向かうには、JR福島駅から車で小一時間ほどかかる。レンタカーのハンドルを握り、市街地を抜ける。しばらく走ると、市内ではおよそ見ることが

飯舘村

ない深い雪景色が見えてくる。そこが飯舘村である。

　菅野家はその一角にある。道路を曲がり、道なりにまっすぐ、雪で真っ白になった坂道を登りきったところにあるログハウスだ。木材を横に並べる一般的なログハウスではなく、縦に並べる縦ログ構法と呼ばれる手法で作っている。この日、飯舘村は快晴だった。冬らしい寒気と日の光の中で、真新しい茶色い木の色が鮮やかに見えた。屋根には白い雪が残っている。

　飯舘村。内陸部にある小さな村の名前は、原発事故で一躍全国に知られることになった。高濃度の放射性物質が飛散したことがわかり、二〇一一年四月二二日、国が村全体を計画的避難区域に指定

し、やがて全村避難が始まる。

そんな村に大きな転機が迫っていた。二〇一七年三月で一部のエリアを除いて避難指示の解除、つまり住民の帰還が始まることが決まった。避難指示の解除に向けた動きと完成のタイミングが重なったせいか、このログハウスは単なる「新居」以上に注目を集めてしまった。

彼らの家は二つの異なる文脈で語られる。飯舘村への帰還を快く思わない人たちには、ここは「本当は帰れないはずの飯舘村に帰ることを促そうとする、国と東電の安全キャンペーンで作られた家」だ。しかし帰還を進めたい人には「飯舘の木を使って安全に住めると証明した、帰還に向けた希望のシンボル」となる。

夫婦にとってはいずれの言葉も宙に浮く。自分たちの心情を表現していないと思っているのだ。

両方ともおかしいですよね。私たちはただただ、生活を取り戻そうとしただけで、安全キャンペーンのシンボルにも、帰還のシンボルにもなろうとしたわけじゃないんですよ。もし、そう言うなら、逆に聞きたい。行政は、国は、東電は、私たちに何をしてくれたの？

そう語るのはクニさんである。「私たちはわずかな希望を頼りに、六年間でなんとか必死に生活を取り戻そうとしただけなんですよ」。

元一さんも静かに語り出す。

原発事故には憤ってますよ。当たり前じゃないですか。誰かの考えに合わせるんじゃない。ここに住むただ一人の人間として、自分の生き方を示したい。それだけですよ。安全キャンペーンだなんてとんでもない。

そんなことより、私はここにきて、見て、感じてほしいんですよ。この家を、飯舘を。誰でも泊まりにきていいですよ。

元一さんが感じてほしいのは、自分たちの経験が単純化されることでこぼれ落ちてしまう感情だ。ただ、そこに取り戻したい生活があったのだ、と。

原発事故から三年が過ぎた二〇一四年秋のことである。避難生活を続けていたクニさんは飯舘村の自宅裏でそっと涙を流していた。

木が泣いているなって思いましたよ。ゴミ以下だって世間様から言われるために植えられたんじゃないよって。ご先祖様がなんかあったら、木材にして売りなって残してくれた木なのに。

菅野家の自宅裏にある木々を伐採することが決まったのだ。福島第一原発事故の影響で、全村民が避難している飯舘村の山に植えられた木々を切る。それは、村に必要な除染のためであり、放射線量を下げるためには伐採が必要なのだ、と行政からは説明があった。

つまり、放射性物質に汚染された木々は、行政からすれば感情抜きに切り倒すべきものであり、並んだ木々は「放射性物質」だった。しかし、唸りをあげるチェンソーの音の中で、クニさんは木が泣く声を聞いている。単なる比喩ではな

菅野クニさんと元一さん

い。

家と周囲の山を継いだ元一さんは「仕方ないんだ。他の住民のために仕方ないんだ」と繰り返していた。心の中で納得していないのは、丸太として並んだ木々を見る目でクニさんにもわかった。当然である。その中には、彼が植えた木もあったのだから。

元一さんは農業高校の校長まで務めた教員で、杉の木は教員になると決まって初めて給与を受け取った四十数年前、こんな決意とともに植えている。「これから俺は税金でお世話になる身になる。いずれ生まれてくる子供のために、これを使って家を作ろう」。

おそらく、とクニさんは考える。この地に植えられた木々は出会ったこともないご先祖が、同じような思いで植えたのだろう。誰もゴミ以下の扱いをされると思って植えたわけではないだろう。そう思うと、どうしようもなく悲しく、すっと涙が流れるのだった。

彼らはこのとき、木々が後に自身の新居となるログハウスに生まれ変わることを知らない。

クニさんは大震災のあの日から失ったのは「生きがい」と呼ばれる何かだと思っている。それは、金やモノであてがうことができないものだ。

彼女は自分のことを「科学」を大事にするタイプだと分析している。現在の郡山市で、三人姉妹の末っ子として生まれた。男児を産めなかった母は、姑や夫から散々いびられてきたせいか「あなたは男に頼らなくていいように、手に職をつけなさい」が口癖だった。だから、高校卒業時に看護学校への進学を決め、医療職で自分の身を立てようと思っていた。「医療従事者たるもの」、と彼女は言う。「数値をもとに考え、判断する科学的な視点を忘れてはいけないし、感情に流されてはいけない」。

栃木県内の国立病院で看護師としてのキャリアをスタートし、その頃、後に教員の道を目指すことになる大学院生の元一さんと出会っている。

福島県で教員生活を始めることになった元一さんとの結婚と時期を同じくして、クニさんは看護師から福島県の「保健師」へ転身した。自分の希望する職場が見つからなかった末の選択だったが、キャリアの幅も思考の幅も大きく広がった。

保健師の仕事と教員の仕事、それぞれに異動のタイミングもあって、当初の予定どおり、「飯舘に帰る」のは、結婚からしばらくたった一九八七年九月になる。

二人で貯めたお金で、元一さんの父母が住む家をリフォームしたのと同じタイミングとなった。じきに長男と次男が生まれ、三世代同居が始まった。

科学的な視点を大切にするはずのクニさんが、とてもあいまいな世界にある「生きがい」について考えるようになったのは菅野家の生活とは無縁ではない。

菅野家にとっては、それは山で栽培していた山菜であり農業だった。ウルイ、コゴミ、行者ニンニク……。義父は近所ではちょっと名の通った「山菜採りの名人」だった。山菜をその日の分だけ採ってきて、その場で食べる。あるいは、ご近所さんに手渡す。義父母は山畑とともにある生活以外の生き方を知らない。

元一さんは教員生活の合間を縫って、新種のカボチャやジャガイモを研究・開発することに情熱を注いでいた。初めての給料を記念して植えた杉のように、植樹にも熱心だった。

「自分たちの先祖がそうしてくれたように、次の世代を困らせるようなことをしてはいけない」。丁寧に山を整備し、次世代に引き渡すための植林計画も定年退職後の余生の設計に入っていた。なにせ、土地はある。

クニさんはクニさんで、保健師を約二六年務め、五〇代前半でやめてからというもの、何か事業を手がけたいと考えてきた。できれば、自分も知らなかった飯舘村の名前を県の内外に広げるような名物がいい。思いついたのは、阿武隈高原に自生するナツハゼ（ブルーベリーに似た実をつける）を使った商品開発だった。なにせ時間もある。

二〇一一年四月は菅野一家にとって特別な月になるはずだった。

三月いっぱいで元一さんは、校長を務めていた農業高校を定年退職することが決まっていた。管理職の肩書きから解放される。そうしたら、と夫婦は長年温めてきた計画を動かそうとしていた。二人で農園を始めよう。屋号は「ニコニコ菅野農園」でどうだろう。なんとも素朴で、奇をてらわない屋号が彼ららしい。

飯舘村の農業のため冷害に強い品種を作りたかった。名産にしたいナツハゼの商品開発も飯舘のため。これを両方手がけられる。子育ても終え、仕事も一段落し、夫婦の第二の人生としては悪くない計画だと思っていた。

そこに三月一一日はやってきた。クニさんは話す。

あの日は確定申告があって、午後に相馬市にある税務署に向かおうと自宅で準備中だったんですよ。

ぐらぐらって大きな揺れがあって、あぁこれは大変な揺れだなぁと感じ、急いで税務署に行って書類を出してこようと思ったんです。税務署に着いたら真っ暗なんです。パソコンも使えないから確定申告もできないって、いま考えたらそれどころじゃないですよね。

不思議なもので、あの日は地震があったから、早く税務署に向かわないといけないと考えていたんですよね。税務署から飯舘への帰り道で、国道一一五号線の渋滞に巻き込まれたんです。あとからわかりました。津波から避難する人たちだったんです。

飯舘はその日からしばらくテレビもつかず、携帯の電波も届かなかった。新聞の配達も止まったんです。確か、三月一二日の朝だったと思います。もう電池が切れそうなラジオから、原発が、という声が聞こえてきました。

でも、それで電池が切れて終わり。すっかり情報難民となってしまいました。

当時、夫は農業高校の校長で、単身赴任をしていて飯舘村から車で一時間半ほど離れた鏡石町にいました。私は両親のために七輪で食事を用意して、早めに休もうとしていた午後一〇時頃に夫が飯舘の自宅に帰ってきました。

情報が遮断された飯舘村を離れ、二人は鏡石町の官舎に向かう。

原発事故の一切を知るのは三月一三日、元一さんが住んでいた官舎に着いてから見たテレビでだった。ニュースキャスターは避難指示が出ていることを伝えていた。

そこで、クニさんは一〇数年前を思い出す。

保健師として、原発が立ち並ぶ福島沿岸部を管轄する保健所に勤務していたとき、原発事故が起きた際の研修を受けていた。必死に記憶をたどる。もし避難する必要が起きたらどうするか。一〇キロ圏内でどう動くかは確認されていたが、避難する区域がどんどん拡大する状況は研修でも想定されていない事態だった。

文字どおり、想定外のことが起きている。「これはただごとじゃない」とクニさんは身構えた。

三月一五日、飯舘村の線量は上がっていました。四四・七マイクロシーベルト毎時に達していました。

私は、これだけ一気に上がるということは、原発から飛散した放射性ヨウ素が降っているんだろうとあたりをつけました。ヨウ素は半減期が短い放射性物質ですので、しばらくしたら、線量は下がるのではないか。そのとき、どれだけ下がるかが勝負だと思ったのです。

時期は前後しますが、震災と原発事故の影響で、夫の退職は三月末から七月末に変わりました。夫は夫で校長という役割があります。だから、義父母のことや、この家をどうするかを考えるのは私の役目なんですね。

義父母は八五歳を超えていました。老人にとっては、避難することで環境を変えてしまうことが最大のリスクなんです。同じような生活を送れなくなってしまうと、心身に影響します。

避難と震災関連死の関係と同じですね。環境の変化が与える影響を考えないといけない、と私は思っていました。子供がいる世帯と老人では判断が異なってしまうんです。これは一概に放射線量の問題だけではない。

私は問われているのは、生活そのものだと思いました。まず、義父母のために、ここは離れないと決めたのです。いまから考えてもこれは正しい判断だったと思います。

しかし、である。この決断は歓迎されなかった。実家を離れていた長男はクニさんにこんな言葉をかけている。

「こんな線量の高いところにいて、じいちゃん、ばあちゃんを殺す気か」

「親父に、もう研究はやめろと言ってほしい。これで畑や山に入るなんておかしいだろ」

ならば、と義父母を夫が住む官舎に連れて行ったが、彼らはわずか二週間でやることがないから帰りたいと訴える。

前者について言えば、クニさんの判断は正しかったことを長男は理解したが、研究をやめろ、というのは一貫して言い続けた。親を案じる思いから出た言葉なだけに、元一さんには堪えたようだ。その当時の記憶はほとんどないという。

本人よりも、様子をつぶさに見ていたクニさんのほうが覚えている。


私たちは、しょっちゅうケンカするんです。お互いに言いたいことは言おうって決めているから。

震災からしばらく、この人はものすごく落ち込んでいるんですよ。何聞いてもぼーっとしているし、なんかの拍子に「あぁもうダメかな」って小さな声でいうんです。研究をやめてくれっていうのが、本当に堪えているんだと思いましたよ。私だって普通かというと、そうじゃなかったんですよ。

数値を見て調べるとか、正しい情報を、と言ってきましたけど、あのときの私は新聞、テレビは本当のことを報じてはいない、元県職員なのに、国も県も信用してはいけないと思って、飯舘は実は危ないと書いている週刊誌を買いあさったんです。

真実の情報はここにあるって思ったんですね。飯舘も広いから、ひときわ線量が高いエリアがあって、そこがどうなっているかは週刊誌じゃないとわからないので。

でも、四月末にやっと線量計を手に入れて、測ってわかりました。家の中は外よりも線量が低いのですが、軒下や玄関先などもともと、放射性物質が集まりやすいところは確かに高い。

ここで大事だったのは行政と同じポイントで測ると、公表されている数字とそんなに変わらないのがわかったことです。少なくとも彼らが計測している範囲で、公表した数字に大きなウソはない、ということを自分で確認しました。

問題はここで終わらなかった。追い打ちをかけるように、二〇一一年四月二二日を境に、全村避難が始まっていく。

当初から一家は村に住めると思っていたし、老人は避難をさせないほうがいいとクニさんが思っていても、それだけではどうしようもない現実がやってくる。

一度、避難となれば、この家に帰るのだっていつになるかわからない。しかも義父母にとって可能な限り生活が変わらない避難先を手配しないといけない。

とにかく、時間はなかった。

クニさんが、義父母も含めた一家の避難先に課した条件は二つだ。一つは夫の研究と義父母のために近く畑があること、もう一つは可能な限り飯舘村近隣にあること。知り合いのツテをたどり、条件を満たす住宅を見つけ、二〇一一年六月から一家は避難生活を始める。それぞれ別の避難先に行く親族が見送りにきて、義父母に今生の別れのような表情を浮かべた。その顔がクニさんには忘れられない。

なんと大げさな、と思うかもしれない。しかし、それはその土地で生きてきた彼らにとっては自然な反応だった。

避難っていうのはね、自分が亡くなったとしても近所の人や親族がすぐにこないってことなんですよね。バラバラになってしまうって、誰も見送ってくれないよってことなんです。私は、義父母にそんな思いだけはさせないようにしようって、この光景を見て決めたんです。

クニさんはもう一つ、日常を失って初めて気づいた感情がある。

「あぁ私はこの村が好きなんだ」。リフォームするまでは絶対に住みたくなかった飯舘の家、住むにあたって義父母に「自分はいい嫁」にはなれないと宣言したことを思い出しながら、この村が自分の日常になっていたことに気がつくのである。

義父母のため、夫のためと思って行動していたが、それは人のためばかりではなく自分のためでもなかったか。山の生活を引き受け、第二の人生が始まるというところでくじかれたが、もう一度戻りたいという思いは自分でも意外なくらい強まるのである。

原発事故の翌年のことだ。クニさんは家の裏の山菜を役場の検査室で測ってもらった。まだ除染はしていない。ウルイは検出限界値以下だったが、行者ニンニクは一キロあたり八〇〇ベクレルだった。

山菜はおおむね基準値を大きく超えていると言われていた。その話を聞くたびに、義父母は「あぁそうか」と悲しそうな顔を浮かべる。細かい放射性物質の量や、基準についてはわからないだろうが、彼らは自分たちが生涯をかけて育ててきたものを否定されたように感じていたのだろう。

だからこそ、クニさんには除染前のデータは希望であると思えた。これは追い風なのではないか？

除染もしていない段階で検出限界値以下が出てくるということは、あれだけ線量が高いと言われた飯舘の山であっても、種類によっては山菜を収穫できるということなんですよ。

義父母にこれを伝えると、「ほんとうけぇ。飯舘に帰れるのかぁ」なんて聞いてくるんですね。

彼らにとっての生きがいは、山菜を作り、採り、食べる暮らしそのものなんですね。そうは言わなくても、本当は帰りたいんです。山で生活したいんです。その思いは痛いほど伝わってきました。

継続して測ると、はじめは高かったコゴミや行者ニンニクも、年を追うごとに下がっていくんですね。種類にもよるけど、あぁ山菜は大丈夫だと確信しました。自分たちで測って、判断して食べる分には問題ないとも思ったんです。

一つ希望が出てくれば、同じくらいショックな知らせも届く。それも原発事故の現実である。除染のために自宅周辺の木々を切る、という通知が環境省から届いたのだ。

その知らせを聞き、クニさんと元一さんはこんな議論を交わしていた。話を切り出すのはクニさんだ。

「いまの線量なら、うちの木を切っても切らなくても問題はない。木を切ったところで大幅に下がるわけでもないでしょう。わざわざ、切らなくてもいいでしょう」

「いや、切る。うちだけ切らないということはできない。周囲の人たちがどう見るか考えてみろ」

元一さんの考えは明確だった。村で生活している以上、自分たちだけが切らないと言ったらどうなるか。それを理由に帰りたくない、という人たちだってているかもしれない。周囲の思いを考えれば切るのは当然なのだ。

現実的である。しかし、それは現実の問題に対応するために自身の感情に蓋をすることを意味している。元一さんの内心はどうだったのか。

そりゃ、嫌に決まっているじゃないですか。自分で植えた木を自分で切るんじゃなくて、原発事故のせいで切るなんて……

私が生まれたときに、母方の祖父さんが六〇歳になったときに木材として使えるように、と植えてくれた木もあるんですよ。

杉はそのくらいの年数がたてば、木材として家を作るのに最高の素材になる。自分の家を建てるときに、この木を使ってもらおうというのが一つ。もう一つは、この家に何かあったら、木を売って急場をしのいでほしいというのが先祖の願いなんですね。どっちでもない理由で木を切るというのは……。

(沈黙)

悔しいなぁ。

山と暮らすということは、先祖が植えた木を受け継ぎ、出会うことがないかもしれない未来の他者のために木を植えて、引き継ぐということだ。それが痛いほどわかっているクニさんも「悔しい」という思いは共有していた。だから何回も、何回も聞いた。本当に、あなたは納得しているのか。それでも切るというのか？　という問いかけだった。

しかし、何度聞いても言葉は変わらなかった。

除染は始まり、母屋の半径二〇メートル以内にあった樹木はすべて伐採されていった。淡々と作業を進める業者の様子を見ながら、もっと丁寧に扱ってほしい、と夫婦はただただ憤りながら見ていた。

木々は顔も知らないご先祖が、何かに役立ててほしいという思いで植えたのだ。誰も、無惨に切り倒されるために植えたわけではないだろう。涙がほおをつたっていく。どれだけ物語がある木であっても、行政側の扱いは「放射性物質」である。当時を思い出し、言葉が少なくなった元一さんに代わって、クニさんが言葉を紡ぐ。

木はね、使わせていただくものなんです。そして、未来のために植えるんです。このお家に住んできたご先祖は除染されて、ゴミ以下の扱いをされるために木を植えたんですかね。

そう思うと、私は悲しくなって切られてるときに涙が出てきたんです。

木が泣いているんですよ。こんなことのために植えられたんじゃない、切られるんじゃないって。

あぁ、これが現実なんだって思いましたよ。私たちは飯館に帰ると決めたけど、それは元ある家に帰るということであって、これは元ある家じゃないんだって思いましたよ。

丸太は無造作に積み上げられていった。これをどうすればいいんだろう。

そうだ。元一さんはもともと、家を作るために木を植えたのだ。ならば、丸太になったからといってあきらめる必要はないのではないか。

クニさんは科学者から聞いたこんな言葉を思い出していた。「実は、放射性物質は木の表皮にたまっているだけなんですよね。中にはあまり移行しないんですよ」。

木材として、家の建築に耐えられるのか。建築会社に聞いてみると、製材すれば文句なしに使える、実に立派な木材である、と太鼓判が押された。

二つの情報を組み合わせると、こういう構想が浮かび上がる。

表皮を剝いだ木材を検査して、数値を測る。問題がなければ、これを資源にして新しい家を作ることができるのではないか。

あきらめて、捨てるしかないと思っていた木々は資源に生まれ変わる。飯舘村を訪れていた知り合いの研究者に依頼し、樹皮と内部の放射性物質の線量を調べてもらった。記録はすべて残している。それによると、内部から放射性物質の検出はほとんどなく、樹皮も高くて一キロあたり二三〇〇ベクレル前後である。

　これで家を作った場合の線量をシミュレーションしたが、値はまったく問題にならないものだった。

　樹皮は自分たちで剝げばいい。構想が動き出すと友人、知人が力を貸そうと集まってきた。そして、建築会社とも相談し縦ログ構法で建てることを決める。元一さん曰く「若干、割高」らしいが、一度はあきらめた自分たちの家である。この際、値段には目をつぶることにした。

　嬉しかったのは、最初期は飯館に暮らすことを拒んでいた子供たちがこんな言葉をかけてくれたことだ。

「お母さん、三〇年後に帰ってくるから、それまで何もしなくていいよ」

　息子の口から「帰る」という言葉が出たことにクニさんは嬉しさを感じる。長男も次男も仙台の高校に進学したため、中学卒業と同時に一五歳で村を出ている。

　そんなに村に愛着はないって思ってたんです。私は、私の母がそうだったように子供たちには自由に育ってほしい。

　長男だから家を継いでほしいとか、子供に将来、飯館に住んでほしいとか全然思わないんです。

でも、結婚した子供たちが安心して帰省できる場所はちゃんと作りたかった。そこはわかってくれたんだって。原発事故で、あきらめるなんてできないじゃないですか。

元一さんが口を挟む。

いいや、どうせ作るなら羨ましがってもらおうって思いましたよ。この大黒柱、見てください。これが私が教員になったときに最初に植えた木ですよ。どうですか、立派なもんでしょ。

取材ノートを見ると、彼らの家を最初に訪れたのは二〇一六年三月二七日、ログハウスの上棟式があった日だ。その日もまた、抜けるような青空が広がった一日だった。除染で伐採された木でできたログハウスの話を取材すれば、すぐに記事になるだろうなと思って向かったのだが、まだ外観ができたばかりだったログハウスと家族の顔を見て思いとどまったのを覚えている。

元一さんの話を聞きながら、上棟式の一場面を思い出していた。参加したのは四〇人ほどだっただろうか。夫婦は、まだ完成していないログハウスの一室に青いビニールシートを敷き、木のテーブルの上に料理や飲み物を並べてくれた。あの日、元一さんはうぐいす色のニットの上に紺地の袢纏《はんてん》をまとい、親族や関係者が集まった宴席で自ら音頭を取って祝い歌を歌い始めたのだった。彼の朗々と響き渡る歌を聴きながら、私は急いで記事にするのはやめようと思った。

この土地で長く生活をしてきたことへの自負を感じたからだ。体裁だけ整えて記事を書くことはできたが、彼らの自負を聞き出さない限り、何を書いても意味がないように思えた。

再び、夫婦の話に戻る。クニさんは人間の力とは何かを考えていた、と話を続けてくれた。「避難ってね、特に老人にとっては人間の力をなくしていくんですよ」。

クニさんが考える人間の力とは、自分の手を動かし、誰かの役にたっていると感じる力のことをいう。それは「生きがい」と言いかえることもできる。生きがいを奪われたとき、人は力を失っていく。原発事故はそれを如実に示した。

なんの役にも立たないゴミ以下の扱いを受けた木々で、ログハウスを作る過程は夫婦の生きがいを取り戻す過程でもあった。

二〇一七年の春、伐採した跡に子供たちと植林をしようと計画していた。彼らもまた、失った生活を取り戻そうとした夫婦から受け継ぎ、その先の歴史を担おうとしている。その木が大きくなったとき、どんな物語が紡がれるのだろう。その話題になると夫婦は目をあわせて、そっと微笑むのだった。

一つ、後日談がある。この章のベースになった彼らの記事を発表したとき、反原発運動に参加しているという方から感想をもらった。「こういう夫婦の生き方を知ることができてよかった」というものだった。そのような立場の人からは、批判的なコメントを書かれるに違いないと思い込んでいた私は、自らの不明を恥じるとともに大きく安堵した。そして、本人たちや周辺を取材し、事実や声を積み上げることで見えてくる世界を提示する、そのことの力をあらためて認識することになった。

このとき思ったことを、あるいはこう言い換えてもいいのかもしれない。立場を超えて届くのは、彼らが積み上げてきた「人間の力」を感じさせる言葉だ、と。

3「帰りたい」が言えない

それは二〇一六年夏の出来事だった。その日もいつもと同じように、彼の日常は始まった。福島市内の家を出て、車で勤務先の中学校に向かう。担任として出席をとり、社会科の授業を何コマか受け持つ。

この日、いつもと少しばかり違ったのは草抜きの時間があったことだ。この学校でも校庭の除染があり、もう放射線量は問題ない、と原発事故から見合わせていた草抜きをようやく生徒たちの手で再開することが決まっていた。

女子生徒が校庭の片隅で、俯き気味に草を抜きながら呟いた一言を彼は聞き逃さなかった。

「どうせ、うちら将来がんになるんでしょ」

「誰かに聞いてほしかったのかなぁ。これも一つの現実なんです。避難先では原発事故直後から、報道されているようないじめや差別発言がありましたしね」。どうにもやるせないという表情で彼、武田秀司さん（四九歳）は語り、そしてビールに手を伸ばした。福島市内、レストランの窓際の席に座っている。勤務先の学校帰りである。紺のスーツにえんじ色のネクタイをきっちり締め、放課後でもワイシャツの第一ボタンを外さない。

武田さんには、震災事故後に避難した福島の子供たちのサポートのため、新潟県に派遣された経験がある。それは自らの避難も兼ねてのことだった。担任として生徒を受け持ち、父として幼い子供を抱えるという二つの立場があった。彼の視線のさらに先、窓の外は小雪がちらついていた。

「この雪に放射性物質が入ってないかなって心配している生徒も親もまだまだいるでしょ

うね」とそっと語り出す。派遣が決まったときは内心「担任している生徒たちを途中で放り出していいのか？」と葛藤はありながらも、生後間もなかった自分の子供のために避難を望む気持ちを優先した。担任を放り出したいい加減な教員、そんな後悔の念はいまも残る。

武田さんは福島市内に生まれた。親の仕事の関係で県内を点々としたが、福島県は広い。沿岸部の浜通りにある原発を、内陸に位置する福島市内に住む武田さんが意識することはなかった。初めてその存在を意識するのは沿岸部の拠点都市、いわき市内の大学に進学してからだ。大学では社会学を専攻していた。

ちょうどチェルノブイリ原発事故（一

武田秀司さん

九八六年）の直後ということもあり、ゼミの友人と一緒に車に乗り込み、二人して原発が立ち並ぶ浜通りの住民のインタビュー調査をした記憶がある。その頃のもっとも鮮烈な記憶は、当時、いわき市内であった原子力関係者の講演会での、こんな発言だったと語る。

「車だって毎年のように交通事故で死者が出る。だからといって車をやめますか？　原子力と車、どちらの死者が多いでしょう」

安易な比較に思えた。車を使うことと、原発事故が起きたあと、どう許容するかはそもそも全然違うのではないか。土地を離れていく人たちや、チェルノブイリで起きている被害をどう考えているのだろう。危機感が薄すぎやしないか。他国とはいえ、原発事故が起きたあとに公然とこんな声があがる原子力業界に初めて疑問を覚えた。

大学卒業後、武田さんは社会科の教員になった。初任地もいわき市だった。一〇代後半からしばらく続いた浜通り生活が二〇一一年以降、重要な経験になる。


二〇一一年三月一一日、武田さんが勤めていた伊達市内の中学校は卒業式を迎えていた。二年生の担任だったので、教え子たちと「本当に良い式だったね、来年は君たちが主役だ」などと気楽に話をしながら別れ、礼服から普段着に着替えて午後の仕事に備えた。

来年度も彼らの担任をすることは決まっていた。彼らとどんな日常を送っていこうか。いつになっても、何度送り出しても担任というのは卒業式で感動する。それが楽しみだと思った。

　揺れは突然やってくる。外に出るとアスファルトがうねっているように見えた。これはすごいことが起きた。伊達市は内陸なので、まず心配したのは生徒と家族の安否だった。急いで生徒の無事を確認して、業務を切り上げ福島市の家に戻る。当時、妊娠八カ月だった妻が待っている。

　ニュースは沿岸部を襲った津波のこと、そして津波の被害が原発にも及んだことを伝えていた。嫌な予感がよぎる。もしかしたら、原発に何かが起きるかもしれない。翌日の三月一二日も緊急事態だということで、中学校に向かった。

　そして午後、職員室のテレビで水素爆発の映像が流れたとき、自身の予感が的中したことがわかったのである。

「これで終わった」

　原発の映像を見ながら、妻から妊娠したと告げられたことを思い出していた。結婚してからなかなか子供に恵まれなかった武田さんに、四〇歳を過ぎてようやく訪れた知らせだった。

　この歳で父親になれるなんて奇跡が起きたと思いました。だからこそ、何としてもこの子だけは守らないといけない。できることはすべてやらないといけないんだ、と自分に言い聞かせたのです。

私の父母は山形の生まれで親族も多い。だから、山形に母子だけ避難させるという選択があった。あのときの私には、まずは選択肢があるということを確認して、いつでも避難ができると思うことが、少しでも冷静さを保つために必要だったのです。

さしあたり、妻には家から出るなと告げました。私は当時もいまも、妻よりも放射性物質の飛散に関して、かなり慎重な立場を取り続けています。リスクがあるなら可能な限り避けるべきですし、安易に大丈夫、大丈夫と考えることはやめようと思ったのです。


そのときはまだ何も決まっていなかったが、伊達市に隣接する飯舘村はその後、全村避難が決まる。伊達市内にも放射線量が比較的高いエリアが残っている。

学生時代に調べていたチェルノブイリの資料をさらいながら、福島市や伊達市でも十分避難はありえると思った。というより子供を思えば、避難をしなければならないのではないかとすら思えてきた。もっとも、現実には取ることができる行動は限られていた。

まず、教員として学校で起きていることを確認し、いつから学校を再開していいかを判断しないといけない。それが伊達市の一公務員としての仕事である。そもそも地震の影響もあり、設備点検も必要だった。近隣には、浜通りから避難してきた住民たちの避難所となっている中学校もあった。

そんな中、彼からすれば唐突に、伊達市は新年度から中学校を再開すると決める。放射線量の状況が刻一刻と変わるなかで、本当に再開させていいのか。内心では疑問に思ったが、決まったことに異を唱えることはなかった。

原発事故の影響を受けながら、学校で働き、家族と暮らす。考えるべきことが山積みのまま、新年度が始まった。「公私ともに原発事故を意識しなかった日はなかった」という。長男はこの年の五月に無事に生まれ、六月には顧問をしていたバスケ部の県大会出場が決まる。自身を「部活バカ」と語る武田さんは、この年だけはどうしても生徒たちを県大会に連れて行きたいと思っていた。大変な年だからこそ、いい思い出を作ってほしい。大変な年だから、自分たちの力で摑めるものがあることを学んでほしい、と。

ちょうどその頃、勤務先の中学校の校長から県外派遣を打診される。どこの県に行くかはわからないが、二学期から県外に避難している小中学生の支援をしてほしいという内容だった。福島から避難している生徒へのサポートが必要で、避難先の教員が対応するより、福島の事情を知った教員を派遣したほうがいい。浜通りで教員をやっていたことがあり、進路指導の実績もある中堅どころの教員が望ましいのだ、と説明があった。

武田さんは迷う。

最初は三年の担任をしている以上、それはできないと断りました。でも、私は考えてしまいました。本当に、断っていいのか。むしろ引き受けるべきではないのか。ちょうど、夏休みに入ったタイミングで母子だけでも一度、山形に避難させようと考えていました。子供のことを考えたら、福島市で育てるには不安もあったからです。県外に支援で出るということは、仕事をしながら、事実上、子供と一緒に避難をするということです。三年の担任として考えれば、仕事と生徒を途中で放棄した教員になります。これは一生ぬぐいきれない後悔が残ることになる。

でも、父親としてこのまま福島に残って、何かあったらどうするのかという思いが浮かぶんですね。これは、どちらかしか選べません。

仮に避難をするとして、です。多くの人が仕事をやめ、生活の基盤を失って避難をしているのに、お前は仕事も失わずに避難をする。生徒を捨てて避難を選ぶのか、と何度も問いました。

生徒たちと一緒に卒業式を迎えたい、という思いも当然ある。担任失格でいいのか。残りの教員人生を、後悔とともに生きるのか……。

担任か、父親か。結論を出すのにかけた時間は三日だった。彼は担任であることより、父親であることを選ぶと決めた。校長に電話をかけて「まだ誰もいないようなら県外支援に行きます」と伝えた。

このとき、同僚は思い詰める武田さんの姿を記憶している。自分が子供を守らないといけないいんだと繰り返すその姿を、である。

派遣先に決まったのは新潟県、柏崎刈羽原発がある刈羽村の刈羽中学校だった。武田さんは皮肉なものだな、と思った。

原発事故が起きて避難したっていうのに、目の前は原発ですからね。避難してきた方はどう思っていたんだろうと思いましたが、仕事は迫っています。

まずは現状把握をしようということになりました。私と福島の小学校から派遣された教員と二人でタッグを組んで、聞き取りから始めたんです。

当初、刈羽中には二〇人くらい避難していて、その隣の小学校にも五〇人くらい避難していたんですけど、私が着任した九月になると、その数は半分くらいになっていました。

ぼんやりとですが、九月から始まって、来年度の四月には他の人に引き継いで、また福島に戻るだろうと思っていた。でも、とても無理なわけです。結局、戻ったのは二〇一三年四月。つまり、一年半くらい彼らに向き合ったことになります。

私の見通しが甘かった理由は、少しばかり立ち寄って「福島県からきた教員です。何かお悩みをお聞かせください」でなんとかなる、と思っていたからですね。当たり前ですが、心に大きな傷を負っている相手にこれでは通用しません。何度も回って、子供と保護者と信頼関係を築いて、そこからようやくスタートなんです。

結果的に時間をかけて子供たちの家庭を回ったことで、見えてきたことがある。一つは子供と親でそれぞれ抱えている問題がまったく違うということである。

子供たちは「帰りたいけど、それを言ってはいけない」と思う強い感情、そしてそれを誰にもわかってもらえないという強い孤独を抱えていた。

小学校低学年でも、アンケートをとると「学校はここがいいけど、うちのベッドで寝たい」とか「自分と同じ（経験をした）友達は、ここにはいない」と書く。

同じ経験をしたことがないと書いた男の子に「なんでこう書いたの？」といくら聞いても「わかんない」と繰り返すばかりだった。彼は、元気で明るい子供である。周囲と仲良くやっているように見えて、表面的にはなんの問題もない。しかし、心の奥底に抱えているのは、孤独だった。

男の子と武田さんの間には、ささやかな思い出がある。

節分の日だった。小学校で豆まきがあり、武田さんは鬼役を務めることになった。子供たちは、鬼をめがけて思いっきり豆をぶつける。男の子も豆を投げるだろうと思っていたら、「やめて、そんなにいじめないで」と鬼をかばいはじめたのである。

なぜだろう、と武田さんは想像する。少しでも自分のことをわかろうとしてくれる福島からきた先生を、そんなにいじめないでほしいと思ったのか。あるいは優しさからなのか。子供は子供で深く考え、関係に悩んでいる。その辛さを思うと、いたたまれない気持ちになるのだった。

中学の男子生徒との面談ではこんなことがあった。

悩んでいる様子が気になって、学校の許可を取り、面談の場が設けられた。生徒の悩みは結局のところ、福島に戻りたいかどうかだ。

「福島に戻りたいと思う?」

「戻りたいっていうと、親に失礼だし、よくしてくれる新潟の人にも失礼だと思う」

「でも、戻りたいんでしょ」

「うん……」

「それを誰かに言ってるの?」

「うーん」

ある小学生は「本当はおじいちゃんとおばあちゃんと一緒に暮らしたい」と漏らした。三世代一緒に住んでいたのに、原発事故で祖父母は福島の仮設住宅に住んでいて、ここでは孫とは暮らせないと思う。両親は子供のためを思って避難を決める。でも、当の子供自身は帰りたいと願っている。

家族の思いがみんな少しずつ、ずれている。なぜ避難を決めたのかということも、子供たちに語らずにいる。周囲は、子供たちはもう避難に納得していると思っている。表面的には避難先の生活に慣れてきているようにも見える。

本当は違っている。だから、学校でのコミュニケーションもずれてくる。


私の経験則から考えるに、いじめで重要なのは「慣れ」なんです。新潟にいたときから、避難者いじめもありました。なぜいじめが起きるのか、見逃してはいけないのは、福島からきた子供たちに、避難先の子供たちが慣れてきたということなんですね。

周囲の子供たちは、慣れてきたから本音で付き合うようになって、ケンカもするようになる。でも、福島からきた子供たちは彼らにはわからない傷を抱えている。

こんな事例がありました。福島から避難してきた中学生が、避難先の子供とケンカになった。ケンカなんて、転校したばかりの子供とはできませんからね。

福島の子供が「お前なんて生きている価値ないわ」と言い、相手は「お前なんて、生まれてくるのが一五年遅かったら奇形児なんだ」と言い返す。

要するに、原発事故が起きたら奇形児が増えるという、まったく根拠のない話をしているんです。言ったほうも悪い子じゃないんです。実際に、「なんでこんなひどいことを言ってしまったんだろう」とショックとともに反省していました。

潜在的なイメージで出てきた暴言だし、悪い子が言ったというのではないから、余計に根深いなぁと思ってしまうんです。

言われたほうの傷は深い。言ったほうは他愛のないからかいのつもりだったのかもしれないし、説明すればその残酷さを理解するかもしれないだろう。

もっと根深い問題は、いじめられた側がその傷を言葉にできるだろうか、ということにある。彼らは、ただでさえ「誰もわかってくれない」という強い孤独感を抱えている。表面上は普通に暮らしているように見えても、実際は貝のように心を閉ざしてしまう子供も少なくない。実際、不登校になった子供たちもいた。

言葉にできない孤独は、あの事故から六年で解消されるのだろうか。顕在化していないだけで、いじめに該当するケースはもっともっと多いはずだ、と武田さんは考えている。

そして、親たちの孤独がここに重なってくる。

あのとき、親は一言でいって余裕を失っていました。職場を捨てて、避難を決めた人たちは、明日はどうなるかわからないと思っています。

母子だけ先に避難して、父親にも一緒にきてほしいというと「いや、仕事がなかったらどうするんだ」と返される。母親は、仕事はなんとでもなるからいまは家族を優先してほしいと言っている。しかし、父親は現実的に、新潟なら新潟で仕事が見つかるかわからないと思っている。

だから、家庭内で分裂してしまうんです。

まったく知らない土地にいて、子供のこと、生活のことを一人で考えろと言われてしまう。職場を捨てて避難した男性もいましたが、やはり精神的には追い詰められてしまう。先が見えないし、仕事もないし、家庭の中でどう振る舞っていいかわからない。「男のプライド」とか「沽券《こけん》」の問題ですね。家庭内で夫婦の不和が続く。

結果的に、子供に手をあげてしまう。虐待といってもおかしくないケースを見てきました。結局、しわ寄せは一番弱い子供にいきます。そんな現実を私は避難生活で知ることになりました。

家庭での振る舞いなんて、お金だけではどうしようもできないものです。補償だけの問題ではありません。この時点でも、その後も、家庭が壊れてしまい離婚というケースはあったんです。

避難とは、生活の基盤そのものを変えてしまうことである。それが家庭内にもたらす影響は大きい。

もう一つ、大きな問題が残っている。それは、家族で福島のことを語っていないことだ。子供は本音を押し殺すことがある。「家では、福島に帰りたいって話しているの?」。そう尋ねれば、ほとんどの子供は「ううん」と答えたという。

ある男児は「お父ちゃんの船にもう一回乗りたい」と武田さんにそっと打ち明けた。浜通りは漁業も盛んな地域だった。船に乗りたいと言っていいのかどうかわからない、そんな表情だったという。避難せざるを得ないことは子供でもわかる。しかし、父親の船に乗る嬉しさをなぜ捨てなければならないのか。

この家族が生まれ育った場所を訪れて、「お前はここで生まれて、育った。本当はみんなでここに住みたいけど、お前のことを考えて、お父さんたちは避難を決めたんだ」と語ることはあるのだろうか。なぜ、自分たちが避難を決断したのか。本当はどう考えているのかを語らないと、子供たちが過ごしてきた時間に自ら区切りを入れることはできない、と武田さんは思う。

子供の問題、家族の問題を聞き続ける日々は、彼の身体にも影響を与え始めた。まず、満足に睡眠がとれなくなった。問題がわかっていても、子供たちのために何をどこまでやっていいのかもわからない。解決ができない無力な自分を責めてしまう。

仕事をやめて、避難した母親から「先生は戻る場所があっていいですね」と言われたこともあった。そう、自分は恵まれている。そんな自分が支援する資格はあるのだろうか。

いったい何様なんだ、と問いかける日々が続く。

眠れなくなった彼は、部屋の天井を見つめながら「あぁ、自分はとても大変な状況になっている」と自覚した。それが決断のタイミングだった。妻は福島での職場復帰を希望していた。彼女からすれば一年以上、見ず知らずの土地で子育てをすることは、福島で子育てするよりもストレスがたまることだった。そちらのほうが、リスクが高いという判断だった。

震災から二年を迎えようという時期、武田さん自身は福島での子育てにまだまだ慎重な見方をしていたが、夫婦お互いの状況を考えて福島に戻ることを決めた。こうして新潟での一年半は終わりを告げた。

「彼女は職場復帰をしたのですが、私は戻ってからいきなり職場復帰をせずに、一年間の育児休暇を取りました」。武田さんは、新潟で大変な思いをしながら子育てをしている母親たちの姿を見た。男がもっと手伝えばいいじゃないか、と思ったが、はたと気がつく。自分はいったいどうだ。大して手伝っていないじゃないか。もう一度、自分を見つめ直したかった。

担任を捨てたことの負い目もあった。新潟で本当に自分の役割が果たせただろうか、という自責の念も強かった。その上、父親としての役割も果たしていない、となったらどうだろうか。彼が立ち直るためには少し、休息が必要だったのかもしれない。

息子との一年は、結果的に新たな課題を彼に突きつけることになる。しかし、それは決して苦痛だけではない。実り多い学びも同時にもたらした。

私は、原発事故についてかなり慎重に考えていました。子育てを福島市でやると決めたときにまず、子供は自分が守るんだと思ったんです。

いま思えば、警戒し過ぎだろって思われても仕方ないんですけど、ミルクを作るのもご飯を炊くのもペットボトルの水を使って、水道水は絶対に飲ませないようにしました。歯磨きの水もペットボトルにしようかな？　とか思っていたし、車を止めてから地面を歩かせないようにする。抱きかかえて玄関まで入るようにする、とかですね。なるべく外に出さないようにせねば、とか思っているんですけど、まぁこれは現実的に無理でした。

子育てをやってみて思ったんですよ。子供とずっと一緒にいるって本当に大変です。これなら、職場のほうが楽だって何回も思いました。しょっちゅう熱を出すし、嘔吐や下痢もしょっちゅうで、何回となく小児科に行きました。

二四時間部屋の中で一緒になんていたら、こっちが精神的に参ってしまう。だから外に行くしかないんですよ。

そこで、福島市内の体育館でやっている「親子教室」に通ってみたんです。体育館の中で、親子一緒になって体操をしようというプログラムがあって、体も動かせるしいいかなぁと思って。これが私にとっては、かなり良い経験になりました。ここに集うお母さんたちと話せるようになったんです。

いわゆるママ友である。初対面からお互いの子育ての不安を打ち明けることはないが、五回も六回も同じ場所で顔を合わせれば、少しずつ話ができるようになる。

武田さんのほうから「実は新潟からこの春に帰ってきたばかりで……」と話を始める。そうすると「いや、実は私も山形から……」とか、「米沢から……」とか、「本当はこの四月まで……」と打ち明け話が次々と出てくる。実は避難していました、という人がけっこうな数いることに驚いた。

彼女たちは平然と普通に生活しているように見えて、実際は「バッグの中には線量計を持ち歩いています」と話す人もいれば、彼と同じように「水道水はまだ不安だから飲み水は買っています」という人もいた。

通常の生活では、およそ聞くことができない話に触れることができた。

気をつければ大丈夫だということはわかっているし、そう信じたい気持ちもある。しかし、不安に思う気持ちが残っていることだって、同時にわかってほしい。そんな思いが伝わってきた。

彼は同じような立場の人たちと出会うことで、どこか気持ちが楽になった。避難したこと、不安を抱えていること。それは自分だけじゃないんだと思えた。彼女たちとともに「不安」を語って、お互いの気持ちを共有することが、この先を考えることにつながる。自分だけだと思って孤立してしまうと苦しいが、そうじゃないんだと知ることだけで落ち着く気持ちがあった。

「不安がある」ことをあえて言葉にして、声に出してみる。それを誰かと共有する。そして、リスクと折り合いをつける方法を探していく。これが彼の獲得したやり方だった。

本当に福島で子育てができるのか。気持ちを整理させることで、実際のデータはどうなっているのか、一つずつ調べてみようというステップに進むことができた。

武田さんは「コープふくしま」が取り組んだ陰膳《かげぜん》調査（実際の食事とまったく同じものを一食分検査するもの）の結果にアクセスした。すると、放射性物質は検出されていないことがわかった。

以前だったら数値そのもの、検査そのものを疑っていただろう、と彼はふっと笑う。たとえば彼の母親は「これ、ちゃんと測ったから」と言って家庭菜園の野菜を持ってくる。「うんうん、気にしていないよ、ありがとう」とか言って受け取るが、本当は気にしていた。子供には食べさせたくない、と思うときもあった。

いろんな結果を比較しながら、これなら不安はない、これなら食べてもいいと自分なりの基準を作ることで、はじめて母親の好意も受け取れる。

やはり、と彼は思う。結局は語る場がないといけない。新潟でも直面した本音を語る場の少なさは福島でも同じだ。ママ同士で集まって話せるようなカフェのような場を作ろうというと、けっこうな数の賛同が集まる。ほかに話せる場もある。

ひるがえって男性はどうだろうか。悩みを打ち明ける場はあるのだろうか。

思い返せば、私が武田さんの名前を初めて聞いたのは、二〇一六年二月のことだった。何度か会って話をしていた取材相手から「福島に原発事故で離れ離れになった家族、特に父親を支援している中学校の先生がいる」と名前があがったのだ。

この取材相手は、母子避難した家族と別居をすることになったある父親である。母子避難を選択した人はメディアでも多く取り上げられるが、残されている父親の側からはどう見えるのか。私はかつて記事で書いたことがあった。


匿名を条件に取材に応じてくれた彼の名を、Tさんとしておく。Tさんは二〇一一年の原発事故を機に家族と離れて暮らしている。二〇一一年夏、妻と子供は西日本に引っ越した。原発事故による母子避難だ。

Tさんはいま、首都圏近郊のアパートに一人で暮らしている。朝は午前七時には家を出る。帰りは遅ければ午後一〇時過ぎ。食事は近所のスーパーで買った惣菜や外食で済ませる。一人暮らしにも慣れてきた、と思うが悔いは残る。

（中略）

追い討ちをかけたのが二〇一四年に起きた漫画『美味しんぼ』をめぐる騒動だった。作中に「福島に人が住めない」と強調するくだりがあった。Tさんにとって重要だったのは、漫画の描写が科学的知見に基づいているか否かではない。修復する兆しもあった亀裂が、より広がってしまうことだった。

「食べ物にも気を使うタイプなので、他の人より影響を受けやすい状態にあったと思います。あの騒動以降、妻は『福島は危ない。首都圏はもってのほか。東日本には住めない』という考え方に固まっていきました。はじめは食の好みの違いなんて些細なことだと思っていましたが、いまはどう折り合いをつけていけばいいのか。正直わかりません。これが、原発事故なんですね」

家族の周囲には妻の考えを肯定する人しかいない中で、Tさんは孤立を深めていった。

（「『私も家族と一緒にいたい』原発事故で壊れた家族。ひとり暮らす父の思い」／https://www.buzzfeed.com/satoruishido/father-fukushima）

この記事の中で私は「（Tさんの）妻は、無農薬や有機農法、何かにつけ天然由来の食品を選んだ。主食は、玄米か精米を控えた白米。食の好みは違ったが、問題ないと思っていた」と書いた。

平時には「好みの違い」として許容できた価値観のズレが、原発事故後に亀裂の原因になってしまうという事実を提示したつもりだったのだが、ＳＮＳでは「これなら別れたほうがいい」「放射脳（放射能被害について事実を誇張・歪曲して危険性を訴える人のこと）になりやすい人」といった声が意外なほどに多かった。

当事者の思いとはかけ離れた声ばかりが響きわたり、本人はますます孤立を深めていく。武田さんは、Ｔさんのような男性のことを考えて、行動している。一人だけではないことがわかる場、孤立した男性の悩みを打ち明けられる場を作りたかったのだ、と言う。

母子避難により別居している男親たちで集まろうと呼びかける。「ぱぱカフェ」はこうして生まれた。休日の昼間に福島駅近くにあるイタリアンレストランの一角を予約し、男たちがビールやワインを片手に、ピザをつまみながら語る。「ぱぱカフェ」というよりも「ぱぱ飲み」のほうが適切かもしれないが、それでも、いやむしろ、それでいいのだと考えている。

いま感じているのは、親は親なりの問題をたくさん抱えているのに、それを吐き出す場もない人がたくさんいるという現実です。アルコールの力を借りてでも、吐き出すことができるならいいのかなって思うんです。

私の場合は、育休の一年をかけて、本当に福島で子育てをしていいのかと考えて、少しずつ「これは大丈夫、ここで子育てはできる」と変化していきました。

それには、お母さんたちと過ごした時間がとても大きかったんです。一人じゃない、と思える場所が大事なんですね。父親たちに、一人じゃないと思ってもらえる場を作りたいんです。とにかく一人ではないんだ、と思えることが重要なんです。

育休で学んで、また教育現場に戻ってみて新しく気づいたことがあります。福島の子供たちもまた、一人で抱えているんですよね。大人ですら一人で抱えるのが大変なのに。避難先で出会った子供たちと同じように孤独な不安があるように思えるんです。

彼はいま、福島市内の中学校に勤務している。そこで思う。普段から生徒に接してはいるが、彼らの気持ちを本当に理解できているのだろうか。

授業で原発事故の話題になっても「自分たちの将来に不安なんてないよ」と答える子供がほとんどである。しかし、それは本当なのだろうか。何かの拍子にこぼれてくる声を聞くと、不安は消えていないのではないか、と思ってしまうのだ。

「どうせ、うちら将来がんになるんでしょ」。草を抜きながら女性生徒が呟いた言葉は、まさに武田さんが考える不安そのものだった。

かなり、ショックを受けました。草むしりの時間が本当は怖いんだろうと思いました。福島に対するネガティブな情報はたくさん流れていますし、何より彼らは甲状腺がんの検査を受けています。子供心に、私たちには異常なことが起きていると思っているんです。

もう一つ記憶に残っていることがあります。私の授業で、それぞれが関心のある新聞記事をあげて、なんで関心を持ったのか、何を思ったのかというのを、みんなの前で発表するということをやっているんです。

ある生徒が、避難者いじめを取り上げて「どうして避難したのに、いじめられるのか理解できない」と言う。あぁ子供たちはやっぱり考えているんだなぁと思うんです。

彼らは悪いことが報じられるニュースを読んでいて、そのたびに傷ついている。避難者に起きていることは、自分たちにも起きると思っているんです。彼らの直感は正しくて、福島のことを外の人たちは知らないし、そこで不必要な差別をされたり、偏見をもたれたりするハンディを子供たちは背負わされています。それは私が新潟で見聞きしてきたことです。

彼らは、自分の身に起きることを「原発事故のせいではないか」と言われる可能性を常に背負っている。

例えば、私たち夫婦のようになかなか子供ができなかったら、どう言われるか。「あのとき、福島にいたからじゃないか」「福島から避難しなかったからではないか」、そう言われる可能性はついて回ります。背負ったハンディがあるという現実に、本当に必要なことってなんだろうって考えます。

私も原発事故への不安は持っていましたが、それは自分が父親として考えたことであり、他人に考えを押しつける、他人に自分の生活を決めてもらうために考えたことじゃなかった。

広島、長崎の経験に学ぶことや放射線教育のような知識も大事。でも、知識だけ教えておしまいというだけでは、彼らの不安を押さえつけてしまうことになってしまうんです。押さえつけるんじゃなくて、もっと生徒たちが抱えている「でも、本当はがんになるんじゃないの？」とか「差別されるのが怖い」っていう不安を受け止めないといけないんじゃないかなって思うんです。もっと不安を語っていいんだよ、怖がっていいんだよ。そこから始まることってあるんじゃないかな。私がお母さんたちと語ってわかったことがあったように……。

でもそれは、と彼は言葉をつなぐ。「どうしたらいいんでしょうね」。しばらく沈黙が続いた。武田さんは、避難や家庭の問題について、誰よりも繊細に考えている人だった。それぞれに複雑な環境があり、自身もまた当事者であることを自覚している。選ぶ言葉は慎重だったが、一言、一言に芯があった。

私は少しだけ考えて、「武田さんの経験をもっと語ってみるのがいいかもしれませんね」と言った。自身の判断や気持ちが、当事者であるがゆえに、揺れて、右往左往したこと。それでも自分の納得を大事にして、真剣に考え、決めていったことを、である。個的な思いを率先して語り、理解を深めていかないと伝わるものだって伝わらないのではないか。そんな話をした。

「そうか、うん、そうですよね。先生も怖かったんだよ、だから避難したんだ。とか、それでも大丈夫だと思ったから戻ってきたんだよ、とかですよね」

話しながら、こんな風に感じてもらえればいいな、と武田さんは言う。

「いま、君たちがそこにいるのも、みんなが君たちのために迷って、大事に思ってきたからだよって」

店の外に出ると、ちらついていただけだった雪は、少しだけ強くなっていた。小さな傘では、もう防ぐことができなさそうだ。スーツの上にウインドブレーカーを重ね、彼は歩く。うっすらと積もった雪の上に靴跡がついていた。そして、彼は言う。「そう、自分の経験を伝えないといけないですよね。私の経験を、もっと言葉にして……」

4 間に立つ言葉

震災が起きるちょうど二カ月前、私はこんな文章を書いていた。

> 　世の中には善悪二元論で割り切れない複雑な問題はいっぱいあるし、善意だけで問題が解決するならすべての問題はとっくに解決している。それに善意だけでＯＫかどうか判断するのは簡単なのだ。大半の政策は善き目的に沿って作られているので、ほぼ無批判で万事ＯＫになる。そうなったとしたら……。
>
> 　僕はいつも「地獄への道は善意で敷き詰められている」という格言を思い出す。「善意の副作用」は常に警戒しないといけない。
>
> 　それでも例えば食品、医療、薬、科学――。いろんな分野でゼロリスクを求める声はあるし、何かことが起きれば、すぐ吹き上がる。食べ物に農薬がついていれば科学的に安全であっても「基準値の●倍」、子供が犠牲になる極めて稀な事件でも「また、子供が犠牲に」と報じられるだろう。どうだろう、容易に想像できる光景ではないか。

　科学的に考えてリスクは低いと主張しても、「何があるかわからない。警告するのは良いことだ。危険はゼロではない」と「善意」から無理なゼロリスクを要求する人はあとを絶たない。

繰り返しになるが、問題はリスクの程度だ。できることは、丁寧にデータを見渡して、適切にリスクを分析し、それに基づく対策を打つことしかない。一か〇かではなく、その間に立って考える。僕たちは常にそうでなければならない、と思う。

（ウェブマガジン「αシノドス」Vol.68「脱『ゼロリスク』でいこう」）

震災以後、放射性物質をめぐって議論されてきたのは、基本的にこれと同じパターンだった。だからこそ、私は原発事故が起きたあと、いまこそリスクとの向き合い方やコミュニケーションが問われると思った。そこで自分ができることは、と考えたのだが……。

この文章を書いたときに、勘違いしていたことがいくつかある。私には、科学的な事実を積み上げ、それを大量に書けば問題は解決するだろうと思っていた時期があった。当然、そんなことはありえない。

科学的な事実を踏まえることは言うまでもなく重要だが、それに加え、人が何を考えて、どう行動しているのか、それはなぜなのか、ということを丁寧に言葉にして伝えていかないと「納得」にはつながらない。

例えば「基準値を超えたものは安心できない」と言われたとしよう。それに対して「いや、それはゼロリスクを求めている。基準値というのは過剰といえるほど安全に考えられていて、少しばかり超えたからといってあわてる必要はないんです」と返したらどうだろうか。

科学的に言えば、これは正しい。しかし「安心できない」という言葉を発している人は、本当に「ゼロリスクがほしい」と求めているのだろうか？　彼らがその言葉で「本当は何を語りたいのか」ということまでを聞き、考えて、丁寧に言葉にしないといけないのではないか。

それを、ここでは「科学の言葉」と「生活の言葉」の間にあるギャップ、と呼ぼう。同じ言葉を使っているのに、違うことを語っているというギャップが、この社会では至るところにある。震災後、私が気づいたのは「みんなリスクの受け止め方が違うから、社会を成立させるのは大変なのだ」という当たり前の事実である。

科学的なエビデンスの積み上げは、震災以降、ものすごく進んでいる。一方で、何が足りないだろうかという問いのほうが私には重要だった。ジャーナリズムの世界では、さまざまな「代弁者」が立ち上がり、自分こそが「福島の問題」を理解しているのだ、と言わんばかりに論じあっている。

ここで必要なのは、自分が一番正しいと主張することなのだろうか。私はその競争には乗れなかった。それよりも大事なことがあるように思えてしかたなかったからだ。

表面的な言葉の応酬よりも大事なこと。私にとって、それは「科学の言葉」と「生活の言葉」の間に立って、そのどちらも軽視することなく声を聞き、書いていくことだった。

第２章

死者と
対話する人たち

きっかけは朝日新聞に掲載された小さな記事だった。

それは被災地でしばしば耳にする、タクシー運転手が幽霊を乗せたという噂について、学生が聞き取り調査を重ね卒論にまとめた、というものだ。この記事から幽霊はいるのかいないのか、この論文は学術といえるのか、取るに足らない非科学的なものなのか、そんな議論がインターネット上で起こっていた。二〇一六年の冬のことである。

どの意見にも違和感がぬぐえなかった。おそらくこの論文が問いかけているはずの、もっとも重要な点が抜け落ちているように思えたのだ。それはなんだろう。すぐに言葉にはできない引っかかりを覚えた私は、記事を読んですぐ学生の所属するゼミに連絡を取って仙台に向かった。

その論文「死者たちが通う街——タクシードライバーの幽霊現象」を書いたのは東北学院大の学生で、秋田県出身の工藤優花さんだ。宮城県石巻市のタクシー運転手たちへの聞き取りを元に書かれたこの卒論は、指導教官で社会学者、金菱清教授により編まれた『呼び覚まされる霊性の震災学』（新曜社）に収録されている。

「幽霊を見たこと、それ自体よりも、幽霊という現象を通して死生観、『死者』との向き合い方を考察することがこの論文の主題なのに」。金菱さんは苦笑混じりにそう言いながら出迎えてくれた。教授という肩書から想像するより、ずいぶんと若々しい。少し明るめのグレーのジャケットと水色のシャツがそんな印象を強めていた。

金菱さんにとって東日本大震災は二度目となる大きな震災だった。大阪で生まれ、大学進学を決めた一九九五年に阪神淡路大震災を経験している。そのとき金菱さんは、崩れ落ちた高速道路や倒壊した建物をとらえたカメラの視点が気になったと話す。

「伝えられる映像の多くは、上空から見る鳥瞰図の目線になっていて、そこにいる人の目線が抜けている」のではないか。震災からの復興も同じだ。地図上で科学的なシミュレーションが行われ、鳥瞰すれば一見は合理的な計画が打ち出される。「大事な人を亡くす、行方不明になる。それだけでなく、街そのものが変わったという喪失感があるのです。復興

金菱清さん

を考えるなら、現場に住む人が持っている人間観、死生観、感情から考えないといけない」。そう金菱さんは考えていた。

死者や喪失と人はどう向き合うのかをテーマに、学生たちと東日本大震災の被災地を歩き、インタビューを重ね、調査を続けてきた。フィールドワーカーである彼は、幽霊現象はまさに、被災地域の死生観が象徴的にあらわれている事例だと考えている。

工藤さんがタクシー運転手の体験を聞き取った石巻市では、津波などによる死者は三二七八人、行方不明者は四二六人（二〇一七年五月末現在）に達している。金菱さんは言う。

「生きている人と死者の中間に、行方不明に象徴される『あいまいな死』があります。当事者の間でも、生と死はきれいに分かれていない。遺体が見つからないため、死への実感がわかず、割り切れない思いを持っている人の気持ちとどう向き合うのか。幽霊現象から問われているのは慰霊の問題であり、置き去りにされた人々の感情の問題なのです」。

工藤さんの論文には、例えばこんなエピソードが収められている。

震災で娘を亡くしたタクシー運転手は、石巻駅周辺で客を待っていた。震災があった三月一一日から数カ月たった初夏、ある日の深夜だった。ファー付きのコートを着た三〇代くらいの女性が乗車してきた。目的を尋ねると、女性はこう言った。

「南浜まで」

「あそこはもうほとんど更地ですけど構いませんか。コートは暑くないですか？」

「私は死んだのですか?」

女性は震えた声で応えた。運転手がミラーから後部座席を見たところ、誰もいなかった。

「東日本大震災でたくさんの人が亡くなったじゃない? この世に未練がある人だっていて当然だもの」と語る運転手は、恐怖心は感じないと言う。

「また同じように季節外れの冬服を着た人がタクシーを待っていることがあっても乗せるし、普通のお客さんと同じ扱いをするよ」

子供の幽霊を乗せた運転手もいた。二〇一三年の夏の深夜、コート、マフラー、ブーツを着た少女が一人で立っている。不審に思い声をかけると「ひとりぼっちなの」と言う。家の場所を聞き、そこまで連れて行き、手を取って少女を降ろす。

「おじちゃん、ありがとう」

そう言って少女は、すっと姿を消した。

運転手は「お父さんとお母さんに会いにきたんだろうな、って思っている。私だけの秘密だよ」と語った。その表情はどこか悲しげで、それでいて嬉しそうだったという。

幽霊を乗せた時間は、どのタクシー会社でも「無賃乗車」として記録されている。確かに客は乗せたが、代金は支払われなかったという扱いだ。

被災地で幽霊の話を聞くのは、決して珍しいことではない。もうすぐ震災から一年を迎えようという、二〇一二年一月のことだ。私は当時、毎日新聞のセンバツ高校野球取材班の一員として、初出場を決めた石巻工業高校の取材で、この場所を訪れていた。

高校野球の取材をしていても、震災の話になった。ある選手は、自分の手で祖母の遺体を見つけていた。彼は祖母が好きだったパンとチョコレートを持って、父親と一緒に探しにいった。祖母の家は一階部分が浸水し、がれきや泥で埋まっていた。探しても見つからない。家の外にあったベニヤ板に、毛布にくるまれた遺体が載せられていた。パーマがかかった髪の毛で祖母だとわかった。父親を呼ぼうと思ったが声が出なかった。見つかったら、好きなものがいいだろうと思って持っていったチョコレートもパンも渡すことができなかった——彼はそんな話をしてくれた。時々、声はかすれていたが、それでも練習着姿のまま語りは止まらなかった。

この街には、震災の記憶、死者の記憶がどこにでも散らばっている。そんな石巻で顔なじみになった居酒屋で、こんな話を聞いた。店を切り盛りする五〇代の女性は、震災後、店を休んで炊き出しなどのボランティア活動をしていた。あの年から、見慣れた街の様子は一変した。「ご遺体」を前に泣き崩れる人、そして行方がわからない家族を探し続ける人々たちの姿を見てきた。

この日も震災の話になった。彼女は白いエプロンを身につけたまま「ご遺体が見つからないんだよ。あんなに悲しいことはないよ」と言い、カウンター越しに、空いたコップにビールを注いでくれた。四、五人も座ればいっぱいになってしまうようなカウンターと、数席のテーブル席しかない店である。この日、客はそんなに多くはなく、午後十時をまわろうとする頃には、もう私一人になっていた。だからなのかね、と彼女は少しだけ声を落とし、ほかに誰もいないことを確かめるように入り口にさっと目をやりながら、こう呟いた。

「言いにくいことだけどね、会いにくるの。見つけてほしいって」

「誰がですか?」

「亡くなった人が……」

少し声量を落としたままの声で続けた。

それは震災の年の夏のある一日だった。日が落ちてから津波被害が甚大だった海沿いの地区を車で走っていたところ、冬用のコートをしっかり着込んだ女性が立っていた。コートは若者が好みそうなデザインだと思った。いかにも夏らしい、まだまだ暑い夜だった。えっ、なんでコート? 通り過ぎてからすぐにサイドミラーを見ても、誰も立っていなかったという。

「あれがきっと幽霊だったんだよ。若かったから、もっとこの世にいたかったんだと思うよ。かわいそうにね。成仏しなよなんて、言えないよ」。彼女もまた、微笑みを浮かべながら話していた。

工藤さんが会ったタクシー運転手たちも、恐怖感を見せなかったという。

「私が〝幽霊〟と言うと、そんな風に言うなと怒る方がいました。きっと、〝幽霊〟という言葉に興味本位だと思われる響きがあったからでしょう。怪奇現象とか、心霊写真とか、恐怖を楽しむような言葉だと思われてしまった。〝亡くなられた方〟とか〝魂〟と言うと、お話ししてもらえました」

運転手から、こう問われたこともあった。「君は大事な人を亡くしたことがあるかい？人は亡くなると、眠っているように見えるんだ。あのとき、こうすれば良かったと後悔する。亡くなっても、会いにきてくれたら嬉しいんじゃないかな」。

彼らは「幽霊」の存在に理解を示し、温かい気持ちで受け入れていた。そこにあるのは死者に対する畏敬の念なのだ、工藤さんはそう考えている。

あいまいな死の多い震災である。いまだ行方不明者が多く、地震発生から津波到達まで時間があったため「もっと自分がこうしていれば、あの人は助かったのではないか」という後悔の念が、津波が引いたあとの土地に残り続ける。

あいまいな死は、「本当に私の大切な人は死んでしまったのか」と問い続けることを残された人に強いて、死を受け入れさせない。「あのとき、電話をしておけば……」「もっと声をかければよかった」と自分を責め続ける。葬儀をしても、その気持ちは決しておさまることはない。

金菱さんはタクシー運転手たちの言葉に、「あいまいな死」への敬意があるのだ、と語っていた。

「『死を受け入れられない』という声に寄り添い、その存在を肯定していること。中間領域を消さずに、丸ごと肯定し、死者に対して敬意を払っていることが大事なのです。被災地の人々が多様な死者へ払っている敬意から私たちはもっと学ばないといけない。死者の思いを受け止めない慰霊は、誰の感情に寄り添っているのか。もっと被災者の視点から問われないといけないのではないでしょうか」

「幽霊」現象をめぐる言葉に込められているのは、津波による突然の死を受け入れられない心を、そっと理解しようとする気持ちなのだと思った。あるいは、幽霊であっても会いたいという声にならない人々の気持ちのあらわれともいえる。

死者へ敬意を払う人たちは、死者を思い続け、幽霊でもいいから会いたいと願う人の願いを受け入れる。東日本大震災で起こった膨大な「あいまいな死」の意味は、このような態度でしか近づくことができないのではないか。「死者」は私にとって大きなテーマとなった。

私は彼らとの出会いから、二つの視座を得ることになった。一つは死者の数をもって災害の大きさを語ることは、実際には何も語っていないに等しいということ。もう一つは「死者」とは単なる「死んでしまった人」ではない、ということである。

二〇一一年、被災地の取材から戻り、しばらくたってから、あるベテラン新聞記者と酒を飲む機会があった。小さなテーブル席を数人で彼を囲む会である。私の斜め向かいに座っていた彼は上着を脱ぎ、白いシャツを捲り上げた手に焼酎のグラスを持ちながら「これで阪神大震災は負けてしまった」とはっきりとした声で語り始めた。

自分が若いときに取材した、阪神大震災の経験がもう過去のものになってしまうのではないか。そのことが悔しいのだ、と言った。そのあと「これはまずいか。不謹慎だったかな」と苦笑しながら白髪混じりの髪をかきあげたのだが、その一言に私は唖然としていた。

彼は、自身が歴史に残るような災害現場を踏み、取材したことに価値を見出しているようだったが、多くの人が一瞬で犠牲になる災害を、結局のところ本音では数でしか見ていないのだ。きっとこの人には何年たっても、被災地取材は一つの「ネタ」でしかなく、取材はせいぜい自らの名誉欲を満たす「仕事」でしかないのだろう。

「数で見てはいけない」が、言ってみれば綺麗事であることは私もよくわかっている。メディアの世界で働いていれば「数」を基準に考えないと、重み付けができないときがある。何かを伝えるときに、数字で伝えることが有効な場面があることもわかっている。

しかし、喪失を抱えている個人にすれば、大切な人（あるいはペットも）が亡くなり、思い出が詰まった場所がなくなってしまったこと自体が、誰のものとも同じではない固有の経験なのではないか。喪失は徹底して個的な経験であり、二つとして同じものは存在しない。

金菱さんたちが待つ東北学院大のキャンパスに向かうタクシーの中で、私は柳田國男の『遠野物語』を開き、九九番目に収録された一ページにも満たない小さな話を繰り返し読んでいた。明治二九（一八九六）年の三陸大津波で、妻と子供を失った男の話である。ここにも幽霊が登場する。

男は幽霊となった妻を見かけ、追いかけていく。妻はやはり津波で死んだ別の男と一緒になったと話す。生き残った子供はかわいくないのか、と幽霊になった妻に問うと、顔色を変えて泣き出す。男は、死んだ人と話しているようには思えない……そんな話だ。

大きな災害のあとになぜ「幽霊」が出てくるのか。その理由はこの一篇がすべて説明していると思った。そう話すと金菱さんも強く頷いていた。

こんな話もある。東日本大震災の遺族の中には、青森の恐山を訪れる人も少なくない。恐山・菩提寺の禅僧、南直哉《じきさい》さんが語ってくれたのは、泣くことのできない人のエピソードだった。

七〇代半ばにさしかかった女性が恐山にやってきた。同居していた息子を津波で流されたという。彼女は息子を流されてからというもの涙がでない、と南さんに語る。しかし、女性は恐山で泣く。

何に泣いたのか。自分が息子を思い出しても泣けないことを、泣いたのだ。彼女は自身のことを、息子の死を悲しめない、薄情な母親だと思っている。

これも恐山にやってきた、ある「三人家族」の話だ。男は三〇代後半に見えた。連れていたのは幼い娘だった。彼は妻を津波で亡くしたのだと語り始めた。しかし、二人はまったく泣かず、悲しむ様子もない。

父親は「親父が泣くなんて、弱さを見せるようで情けない」と言い、娘は「お母さんがいなくて泣いたら、お父さんがかわいそうだから」泣かないのだと言う。二人は妻であり母親を思い出すことすら禁じているように見える。そこに死者はいない。あるいは、いないことにしている。

南さんは「ここで悲しんで、泣いていいんですよ。二人でもっとお母さんのことを話さないと」と語りかけたという。弱さを見せてもいい、ここで向き合えばいいのだ、と。

その話を聞きながら、私は震災の年に出会った一人の男性のことを考えていた。岩手県沿岸部の小さな集落に住む六〇代半ばの男性である。近くに住んでいた兄と姉を津波に流されたと語った。

姉の遺体が見つかって葬儀をあげても、兄が行方不明になって捜索をしていると聞いても、涙が流れないのだと彼は話す。集団の中で、率先して冗談を言って場を盛り上げるような人だった。私はそんな話を聞いて、少し驚いたような顔を浮かべたのだろう。彼は気をつかってか、「いや遺体が見つかっただけ、まだ幸せなのかもしれない」と言って、柔らかく笑うのだ。

「涙が涸れてしまうのは、その人が薄情だからではない。怒るのは憎いからではない」と語ってくれたのは、批評家の若松英輔さんだった。人は深い悲しみの先にこそ、同じくらい深い愛情があることに気がつく。大切な誰かを亡くすのは、もちろん悲しい経験だが、悲しみを感じるとき、その人が、そばにいてくれるような感覚になるときがあるのだ、と。それを若松さんは「死者」と呼んでいる。

私に大きなヒントを与えてくれたもう一つの視座、それは若松さんが書き綴っていた「死者論」にあった。若松さんは自身の文章の中で、震災の前の年に亡くなった妻への思いをもとに「死者」について論じている。若松さんが語る死者とは、単に亡くなった人のことではなかった。そのことが、私には大きなヒントに思えた。

彼らが泣けないのは、想像していた悲しみよりもずっと深い悲しみに直面していたからだ、といまなら思える。

被災地に限らないが、失った大切な誰かを思う人に向かって「もう悲しみを乗り越えて頑張ろう」といった声をかける人がいる。葬儀も終わったのだから、×年過ぎたのだから、悲しむのではなく前を向くべきであるという。

死者との対話に区切りはない。子供を亡くした親の中には、いつまでも親の役割を引き受け、生きている人がいる。亡くなっても親子は親子なのである。そもそも、大切な人を思い出し、死者と向き合う時間を捨て去る必要があるだろうか。乗り越える必要があるだろうか。

数字では「死者」を語れない。メディアに並ぶ数字が語っているのは、見つかった遺体の数であり、その中にいる大切な誰かではない。

すべての報道は個の死を描くべきだ、というのは現実的ではない。しかし、数字を使うことの意味と、数字が死者そのものを語ることはできないということは認識しておきたい。

悲しみはその人にしかわからない固有の感情だ。失ってみて、初めて自分がどれだけ大切に思い、どれだけ悲しいのかがわかる。その思いは個々人でまったく違う。同じ悲しみは一つとしてなく、他人には理解できない。

しかし、不思議なことに固有の悲しみを語る言葉は、ときに読む人の固有の経験と重なることがある。個的な言葉を積み重ねれば積み重ねるほど、他の誰かの心に届いて、共振していく。そこに「死者」があらわれてくる。

死では何も終わらない

宮城県沿岸部にある名取市閖上《ゆりあげ》地区の一角、慰霊碑の隣に置かれた机がある。どこの中学校にもあるような普通の机に、こんなメッセージが書かれている。


〝あの日　大勢の人達が津波から逃れる為、この閖中を目指して走りました。

街の復興はとても大切な事です。でも沢山の人達の命が今もここにある事を忘れないでほしい。

死んだら終りですか？

生き残った私達に出来る事を考えます〟


メッセージは何度も何度も、黒のマジックで上書きされている。

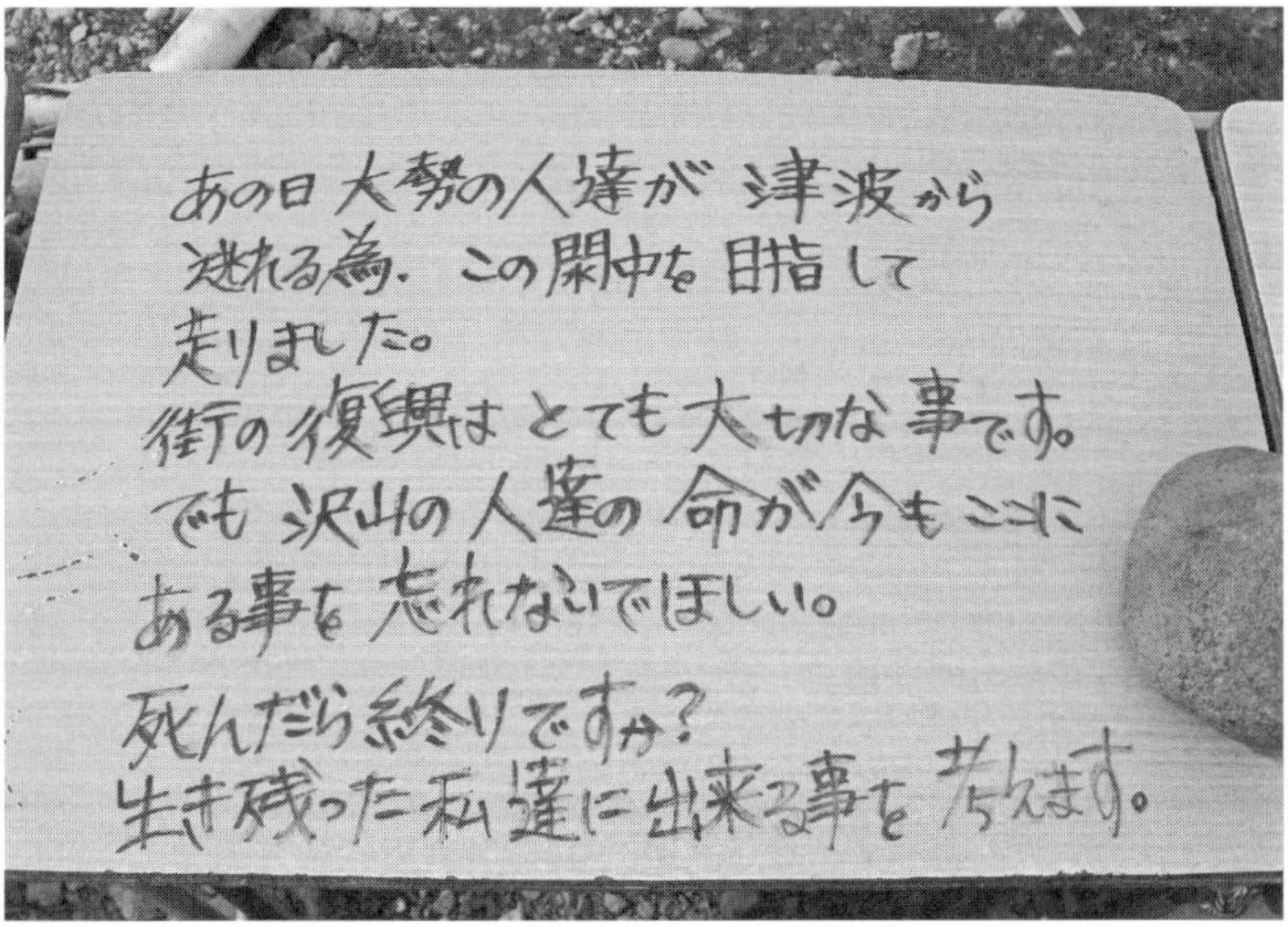

この言葉を書いたのが丹野祐子さんだ。当時、閖上中学校一年生だった息子の公太さんを東日本大震災の津波で亡くした。閖上地区は震災時に約六〇〇〇人が暮らす街だった。この地区だけで遺体が見つかった死者は七五四人、名取市全域の死者（行方不明者などを含め九二三人、二〇一六年六月末現在）の八割以上が集中した。壊滅的、とはこの街に起きたことを指す。

宮城県名取市の閖上地区に被災者自身が語り部となって伝えるプロジェクトがある、と聞いた。そこには冒頭にあげた「死んだら終わりですか？」と問いを投げかける机がある。丹野さんが机に何度も何度もメッセージを上書きしていること。語り部として活動していることは知っていた。

人が何かを書き残すこと。それを消さないことには相応の気持ちがあるのだろう。何はともあれ、まずは会ってみたいと思い、取材依頼を送ったのだった。

ほどなくして、取材を受けると電話で連絡があり、私は仙台駅から南へ車で三〇分ほどの閖上地区に向かった。しかし、待ち合わせ場所に指定された沿岸部近くのプレハブ小屋の前で待っていても、丹野さんはいっこうに姿を見せない。

津波の影響で、街はほぼ更地のようになってしまい海からの風が吹き抜ける。沿岸部を整備するかさ上げ工事のためのトラックが行き来していた。津波の跡を伝えるものはほとんどなくなり、工事現場のような光景をぼんやりと眺めることになった。閖上中で犠牲になった生徒の名前を刻んだ慰霊碑がある。その前には、ホームベースが置いてあった。左右には水色のバケツがあり、その中には赤や黄色、青、白の花々が溢れるようにいけてあった。真新しい花だった。どの花もしおれておらず、一本、一本の花がこれから一番きれいなときを迎える。慰霊碑を大事にしているのだな、と思いながらスマートフォンを開いた。

待ち合わせに指定された時間からさすがに一五分以上待ってもこないので、あらかじめ伝えられていた本人の携帯に電話をいれた。

「えっ来週でしょ。今日きちゃったの?」と電話越しの丹野さんはよく通る声で言った。私は、取材を依頼した日を一週間間違えてしまったことに気がついた。日程が記載されたペーパーを見ると、確かに一週間後の日付が書かれている。しまった、と思ったがもうどうしようもない。

「失礼しました。出直します」と返した私に、丹野さんは「それなら……」といまいる場所を教えてくれた。名取駅近くの市街地にある施設にいるからきたらいいと。急いで名取市内のタクシー会社を検索して、電話をいれ、丹野さんが待っている施設へ向かった。

あわただしく向かった私を、丹野さんは笑顔で迎えてくれた。かしこまった取材でなかったことが逆に良かったのかもしれない。

テーブルに向かい合って座り、亡くなった息子との思い出や近況を語ってくれた。公太さんは、この街で生活をしていた。そんな話から、あの日の語りは始まった。

二〇一一年三月一一日は、長女と公太さんが通う中学校の卒業式の日だった。卒業する娘の晴れ舞台である。丹野さんは新調したスーツに袖を通し、卒業式に向かった。こぢんまりした中学校の式は無事に終わり、会場を公民館に移して謝恩会が開かれた。

公太さんは先に帰り、丹野さんは娘と一緒に友人や保護者と歓談していた。気心の知れた約八〇人が、高校生活をどうするか、他愛もない会話を交わしていた。

午後二時四六分。立つことすらできない、強烈な揺れを感じた。這いつくばらないと、動くことさえできなかった。しばらくして揺れが収まり、公民館の外に出た。何が起きたのか。その場ではわからなかった。

その場で「大丈夫だよ」と保護者同士、生徒同士で声をかけ合ったことを覚えている。丹野さんは公民館から自宅が近く、近所に住む義理の両親の様子を見たかったので、一度帰宅をしようと思った。丹野さんと同じように自宅の様子を見に戻るという人も多かった。

部屋は散らかっていたが、これだけの大地震である。想像の範囲内だった。片付ければなんとかなると思い、義父母の家に向かう。地域の友人らと一緒にいた義父母は無事だったが、体が震えていたように見えた。避難はしない、と言う。このとき、すでに六メートルの津波警報が出ていた。

じいちゃん（義父）は自信を持ってこう言い切りました。「閖上に津波はこない」。そのとき、私は反論せずに同意しました。「そうだよね。いつも警報があるけど、津波きたことないもんね」。私は普段から防災に対して、備えをしているほうだと思ってきました。備蓄の食料もある。灯油の買い置きもしている。

何かあったら、海沿いには松林があるし、止めてくれるだろう。何かあったら、防災無線が鳴るだろう。何かあったら消防が教えてくれるだろう。津波がくるまでの閖上はひっそりとしていました。

あとからわかったことだが、この日、防災無線は地震直後に故障していた。謝恩会が開かれていた公民館は、地域の避難場所に指定されていた。公太もきっといるだろう。そう思った丹野さんは義父母の無事を確認できたため、公民館に向かった。

公民館のグラウンドには、車や徒歩で人が続々と集まっていた。中学生はどこから持ってきたのか、サッカーボールを蹴って、遊んでいた。公太さんもその輪の中にいた。丹野さんは横目で公太さんの姿を見ることができた。このとき、津波警報は一〇メートルに変わっていたためか、公民館にはこんな声が響いていた。

「津波がくるぞ、ここから逃げろ」

二階建ての公民館ではなく、約三〇〇メートル西に離れた三階建ての閖上中に避難を促す声だった。丹野さんも友人とこんな会話をしていた。「閖上中に行ったほうがいいらしいよ」。サッカーをしていた公太さんは、視界から外れていた。

地震から一時間六分後、一五時五二分である。「津波だー」という大きな声が聞こえた。はっと東の空を向くと真っ黒い煙が見えた。「これは火事の煙かな」と思ったが、違った。煙ではない。これが津波だった。

「こうたー」と大きな声を出しながら階段を駆け上がり、公民館の二階までなんとかたどり着いた。娘の避難も確認できた。振り返ると、丹野さんの足元まで津波が押し寄せていた。あと一歩だった、といまでも思う。

すぐ後ろにいた娘の同級生の男子生徒は、津波に足を取られ、黒い渦にのまれていった。この男子生徒は救出されて一命をとりとめたが、丹野さんたちは、のまれていく彼の姿を、ただただ見ていることしかできなかった。

この日の午前中、卒業式が開かれたばかりだったというのに。午後には謝恩会が公民館で開かれていたというのに。いま、ここで何が起きているのだろう。公民館の二階まで迫ろうかという高さまで水が押し寄せ、濁流の中を家が流れ、車が流れていく。

もしかしたら映画のワンシーンなのかなとも思ったが声は出ない。公民館も静かだった。

やがて、はらはらと白い雪が舞い、バン、バンとプロパンガスが爆発する音が聞こえてきた。気がついたときには、夜になり、空には星が輝いていた。不謹慎かもしれないが、今夜は星がきれいだなと思った。「多くの人が一瞬で星になったのだから、きれいなのは当たり前かもしれない」とあとから思い返すような星空だった。

公太は、義父母はどうなったのだろう。考えるべきこと、心配すべきことはたくさんあった。わずかな時間で押し寄せた津波で街の景色は一変していた。

街の様子がどれだけ変わったのか。消防団員として閖上で救助、捜索にあたった男性が当時の様子をこう証言してくれた。

地元だし、土地勘はあったよ。海沿いも釣りで行ってるから、自分でもわかったつもりだったんだ。でも、あの日は、もうどこに何があったかなんて、まったくわからなかったんだ。初めて見たとき、もう言葉がでなかったなぁ……。

うちは海から離れていて無事だったんだぁ。地震だけで、家の中はめちゃくちゃになったけど、それは家族に任せたらいいと思って、津波があったっていうから俺はすぐに助けに行かないとって思ったんだよ……。でも現場は、ね。捜索といっても、どこから何をやったらいいのか……。なんて言っていいのか、もうわかんないんだよ。あそこまでの光景っていうのはね……。取材に行ったことがあるなら、あなたもわかるでしょ？　もう何にも言えなくなるよね。

ええ、捜索で私もご遺体を見つけましたよ。流された家や土砂の間から、ご遺体が見つかるんだよ。

体の損傷が激しかったり、服はどこかにいってしまったりしていてね、顔も苦しそうで。ぐーっと噛みしめているんですよ。本当にかわいそうだなって思いながら、見つけるたびに手を合わせました。捜索の間にちょっと休憩していると、がれきにカラスが何羽も鳴きながら降りてくるんです。そこの近くを捜索すると、不思議とご遺体が見つかるんですね。「カラスはわかっているのかな」なんて話をみんなでしていました。いまでもカラスを見ると、あのときの閖上を思い出します。

ほどなくして、仙台市内で被災した夫と合流することができた。丹野さんも変わり果てた街を歩きながら、公太さんを探した。生きていてくれるだろうか。避難所では、日々、安否情報が飛び交った。探すだけでなく、仮の遺体安置所になった旧ボーリング場にも通う日々が続いた。

捜索は進み、義母は約一週間後に、公太さんは約二週間後に、義父は約一カ月後に遺体で見つかった。公太さんの遺体は、顔では身元を判別できないと警察から聞かされた。丹野さんは足の爪を見て、間違いないと直感した。「親は子供より先に逝きますが、子供は先に逝ってはいけない。公太は亡くなったのに、なんで私は生き残ってしまったのだろう。なんで、代わってあげられなかったのだろう。私はたまたま運が良かった。なんでこの運が公太に向かなかったのか……」。

流された家財を探しても、長女のものは見つからないのに、カバンなど公太さんのものは見つかる。見つかるたびに、公太は探してほしかったのかな、一緒に死んであげられなかったという思いだけが残るのである。

丹野さんは毎日、公太さんが埋葬されたお墓に通っていた。そんな丹野さんを気遣い、周囲の人は声をかけた。「そんなに通ったら、公太くんもご両親も休まる暇がない」「それでは成仏しないよ」「悲しい顔したら、公太くんも悲しむよ」「丹野さん、頑張ってね」。

自らを霊能力者だという人は近づいてきて、こう言った。「近くにいますよ」。

声をかけられることで、精神的な負担はむしろ増えた。誰が、本当に公太の声を聞いたのか。成仏などせずにこの世に残ってほしい。これ以上、何を頑張ればいいのか、教えてほしい。丹野さんはどこか、ついていけない思いを感じる。

丹野さん夫婦は公太さんが生まれた直後に家を買い、閖上に越してきた。小さい集落ではあるが、それゆえに居心地が良かった。公太さんはこの街しか知らない。

復興が大事なことはわかりますよ。でも、その前に、ここに生きていた子供がいたことをどう考えるの。閖上に暮らし、生きていたんですよ。そこを忘れていませんか。

そして、中学校に立ち入り、勝手に机を持ち出し、そのときの感情と心に浮かんだ言葉をマジックで書き込んだ。それが冒頭の言葉になった。

スーパーで「閖上の海辺には幽霊が出るらしい」という噂を聞いた。その噂を頼りに、夜中に沿岸部を歩きまわったこともある。「公太、怖くなんかないよ。幽霊でも会えるなら、会いたいよ」。いくら呼びかけても、会うことはできなかった。「なんだ、公太は幽霊でも会ってくれないのか」。涙を抑えることができなかった。閖上地区のがれきはだんだんと撤去が始まり、「復興」という言葉が飛びかうようになった。

心療内科医で、「閖上の記憶」を運営するNPO法人「地球のステージ」代表理事・桑山紀彦さんと出会い、丹野さんは自分の体験を語れるようになっていく。

桑山さんは丹野さんが公太さんの話をすると「辛かったね」と声をかけて、涙を流してくれた。「僕には幽霊は見えないけど、そんなことなら一緒に海へ行こう」と歩いてくれることもあった。桑山さんは辛い記憶をしまい込まず、語るというアプローチを取る。これが心地よかったという。

公太さんとの思い出を語る。次第にただ語るだけでなく、生きていた証を「もの」として残そうと考えるようになった。慰霊碑を作ろう、というアイディアもここから生まれた。全員が諸手をあげて賛成してくれたわけではなかったが、一四人が亡くなった閖上中の子供たちの名前を刻んだ慰霊碑は完成した。建立した日は、二〇一二年三月一一日と記録されている。

私が訪ねたとき、慰霊碑は「閖上の記憶」が入るプレハブ施設の外にあった。あの言葉が書かれた机や、閖上中にあったホームベースも置かれている。プレハブは慰霊碑の社務所であり、被災経験者の語り部の拠点であり、閖上中にあった「もの」などの展示スペースだ。

「もの」といっても、震災の悲惨さを語るようなものが並んでいるわけではない。例えば閖上中にあった非常口のサインであり、バレーボールである。「公太がバレーボール部だったから、中学校からもらってきたんです」。どこにでもある「もの」の背後にある物語を知ることで、展示は完成する。バレーボールには、丹野さんの言葉の入ったプレートが添えられている。

〃(……)友に恵まれ、先輩に恵まれ、楽しく活動出来ていたことを、親として、とても嬉しく思っていました。震災がなければ三月一二日は、三年生を送る会で、焼肉食べ放題に行く予定でした。

天国でもボールにさわれているかな?〃

そうか、震災の翌日にも日常が続いていたら……と想像する。

それだけ見れば、なんてことはないボールである。添えられた言葉が持つ力も、ものがあるかないかで変わってくる。いずれかが欠けても、成立しない。

ものがあるって大事なんですよ。思い出せるから。

私、公太の声を忘れてしまったんです。後ろから「お母さん」って言われたらわかると思うけど、いまどんな声って聞かれてもわからない。取材で公太くんの夢はなんですか？って聞かれることもあるけど、わからないんです。中学一年だったから、親との会話も少なくなっていたし……。

壊すこと、捨てることは一瞬でできるでしょ。ものを見て、震災を思い出すから辛いっていう気持ちもわかりますよ。でも、なくなったから辛くなくなるのか、と言えばそうじゃない。


だからこそ「残す勇気」も必要だと考えている。「あっても辛い、なくても辛い。だったら……ね。残すのも勇気が必要ですから」。

二〇一六年三月四日、私は「語り部」としての丹野さんにガイドをお願いし、閖上を案内してもらうことにした。

「この前は取材だったけど、今日はお客様。丁寧に話さないとね」と冗談を飛ばしながら、丹野さんが出迎えてくれた。

閖上地区でもかさ上げ工事が進み、この日も「復興」のためトラックが行き交っていた。そのたびに、プレハブ施設は微妙に揺れる。「一時期よりは減ったけど、トラックがすごいでしょ」。

ネイビーブルーのコートを羽織った丹野さんと外に出た。当時の経験を語りながら、彼女はタオルでそっと慰霊碑を拭き取り、手で撫でていた。

どうぞ、触っていいんですよ。この慰霊碑では一人、一人の名前に触れて感じてほしいんです。この子たちが生きていた街はすっかりなくなってしまったけど、確かに生活していた。夏の暑いときには日陰になって、冬の寒いときには暖めてあげたいと思って、丸い形にしています。変に角張っていないほうが、子供たちがもしぶつかっても怪我が少ないだろうし。

私は、つるりとした手触りの慰霊碑を撫でた。ひんやりとしていた。慰霊碑には、丹野さんの顔が反射して、鏡のようにくっきりと映っていた。

その後ろに、遠巻きに取り壊し中の閖上中が見えた。「もう閖上中もなくなるんですよ」。昨年末から解体工事が本格化した。市は二〇一八年四月に地区内に小中一貫校を開校する。慰霊碑はそこに置かれることが決まっている。「閖中の校舎もそうですけど、震災で残ったものがどんどんなくなりますよね。津波のときに公太が目指したゴールが閖中でした。そこがなくなるというのはね……」。

丹野さんがガイドの中で強調していたのは、「私がもっと勉強していれば命を助けることができた」ということだ。

「子供を亡くしたお母さんがかわいそう」と言われることがありますけど、それは間違いです。かわいそうなのは子供。公太だって私がもっと勉強していれば助かりました。いろいろな考えの方がいますので、これから話すのは、あくまで私の考えです。

公民館から閖上中への避難は、あの場では最善だったと思っています。誰も責められない。もっと早く安全確保のために避難を急ぐべきだったということに尽きます。一時間六分もあったのです。

私たちは狼少年でよかった。避難して、何もなければ帰ればいい。津波がこないという言葉を信じて、学んでこなかった。津波がくるときは逃げろと教えてこなかった私に責任がある。

周囲をぐるりと歩きながら「こちらを見てください」と丹野さんは石碑を指さした。一九三三年、昭和三陸津波が閖上一帯を襲ったことが記されている石碑だ。「地震があったら津波の用心」と書いてある。

この石碑に書いてあることを、忘れていたんです。わずか八〇年前のことです。八〇年で、津波に用心しろという言葉は、「閖上には津波がこない」に変わっていった。たった、たった八〇年です。石碑を作ったところで、語る言葉がないと人は忘れていくし、都合よく変わっていくんです。

「もの」があるだけでは、人は忘れる。「語り」がセットにならないといけない理由である。丹野さん自身、阪神大震災や雲仙普賢岳の噴火などとは無縁だと思っていた。「本当に失礼ですけど、ああ、あったなとニュースで思い出すくらい。だから、東日本大震災のことを忘れているという人がいても、私に『思い出して』という資格はないのです」。

被災経験を人前で話し始めたばかりの頃、丹野さんは「忘れないでください」を強調してきたという。いまは押しつけていたかな、と思い直している。「私」の経験を静かに語るだけでいい。そして「忘れません」と人に言ってもらえればいいのだ、と。

震災の二年後、公太さんの学年が閖上中学校の卒業式を迎えた年、公太さんにも卒業証書が送られた。卒業生には「第×××号」と通し番号が振られるのだが、そこは空欄だった。理屈で言えば、中学校の対応は正しいのだが、同じ扱いではないのだなとあらためて気づかされるのは、やっぱり悲しかった。

いまも、丹野さんの家には紳士服チェーンからセールスのハガキが届く。対象は公太さんだ。「入学式、入社式に。フレッシャーズフェア！」。セールスのハガキは半ば機械的に届くことはわかっている。それでも嬉しい、と彼女は話す。忘れられていないと思えるからだ。

遺族であるってことはずっと続く。公太だって生きていたら一八歳になる年。進学だ、就職だって考える年だもの。

丹野さんは人前に出ることも、語ることもやめないようにしようと思っている。簡単に割り切れない思いもある。取材は可能な限り受けて、何度も取り上げられてきた。それでも、まだ放送を見ることはできない。震災を伝える記事も、番組も家庭では目に入れないようにしているという。

〝生き残った私達に出来る事を考えます〟。丹野さんにとってそれは、それでもなお、「復興」の中で変わり続ける閖上地区で語ることだった。

時々、一〇〇年後にこの震災ってどう伝えられているのかなって考えます。二一一一年に伝わっていてほしいことってなんだろうって。私は「命」の大切さを伝える。これに尽きます。命があれば、被災しても取り返すことはできるんです。

子供の「ただいま」が聞けない、「おかえりなさい」って言えないような思いをしてほしくない。津波を防ぐことはできません。でも、逃げることはできるのだから。

丹野祐子さん

帰り際、もう一度、慰霊碑に触れ、机のメッセージを読んだ。〝沢山の人達の命が今もここにある事を忘れないでほしい。死んだら終りですか？〟。震災の現実を伝えていた建造物を「復興」のため、あるいは被災者の「気持ち」を考えるという名目で、壊すという考え方がある。このあとに紡がれる歴史を考えるとき、本当に壊すという選択肢しかないのか。こうした遺し方しかないのだろうか。

死者を語るとは何か、死者と向き合うとは何か。当事者ではない人々の議論が深まらない限り、遺すも壊すもすべては場当たり的になってしまう。「死んだら終わりですか？」、答えはすでに示されている。死んでも終わらない。生き残った人は、どう語り継いでいくかという問いの過程を、生きている。

2　言葉の揺らぎ

「これを読むと、インタビューの限界を感じるんです」

金菱清さんからこんな言葉とともに何通かの手紙が送られてきたのは、「幽霊現象」の取材から一年がたとうとしていた二〇一七年の一月末のことだった。

被災者に頼んで亡くなった遺族やペットへの手紙を書いてもらう、そんな研究プロジェクトを立ち上げたという。プロジェクトはやがて『悲愛　あの日のあなたへ手紙をつづる』（新曜社）として結実する。以前からプロジェクトが進んでいることを知っていた私は、どんな手紙が集まっているかぜひ読んでみたいと連絡を取っていた。

学生とともに被災者のインタビュー調査を重ねている彼が、インタビューでは「当事者の感情」はわからないとこぼすのはなぜか。

送られてきた封筒の中には、黒のダブルクリップで丁寧に留められた手紙のコピーが入っていた。束の一番上にはＷｏｒｄで書かれた、Ａ４用紙でわずか四枚ほどの長さの手紙があり、そこには石巻市立大川小学校で次女の真衣さん（当時一二歳）を亡くした、鈴木典行さん（五二歳）の名前があった。

鈴木さんの名前は記憶にあった。津波で七四人の児童と一〇人の教員が亡くなった大川小で遺族会会長を務めていた人として、メディアで何度も見てきたからだ。

なぜ児童が犠牲になったのか、学校側の対応に問題があったのではないか。事故の原因究明を求め石巻市や文部科学省との交渉の先頭に立ち、二度と同じことを繰り返してはいけない、と語り部としての活動で訴える姿が何度も取り上げられていた。私が一方的に知っていたのは、メディアを介して発信することへの責任を背負った「語る遺族」としての鈴木さんの姿だった。

一読して、語る遺族のイメージとはほど遠い語調に驚くことになった。こんな書き出しから始まる。


〝真衣、いまどこにいるの？

もう五年半も帰って来ないから心配しています。

真衣のところに行きたいけど、簡単には行けそうも無いので手紙書きます。

たまにさ〜、真衣が夢に出てくるんだけど、六年生のままなんだよね。ちっちゃくて、丸顔で、ちょっと出っ歯で。

もう一八歳だよねー。あと半年で高校卒業なのに見た目は小学生かい〟

真衣さんは三人姉妹の次女だ。手紙には、二〇歳になったという長女の星奈さん、今年（二〇一七年）小学校を卒業するという妹の澪さんの近況も綴られる。

元「遺族会会長」や「語り部」は公的な存在であり、その言葉には一貫性や重

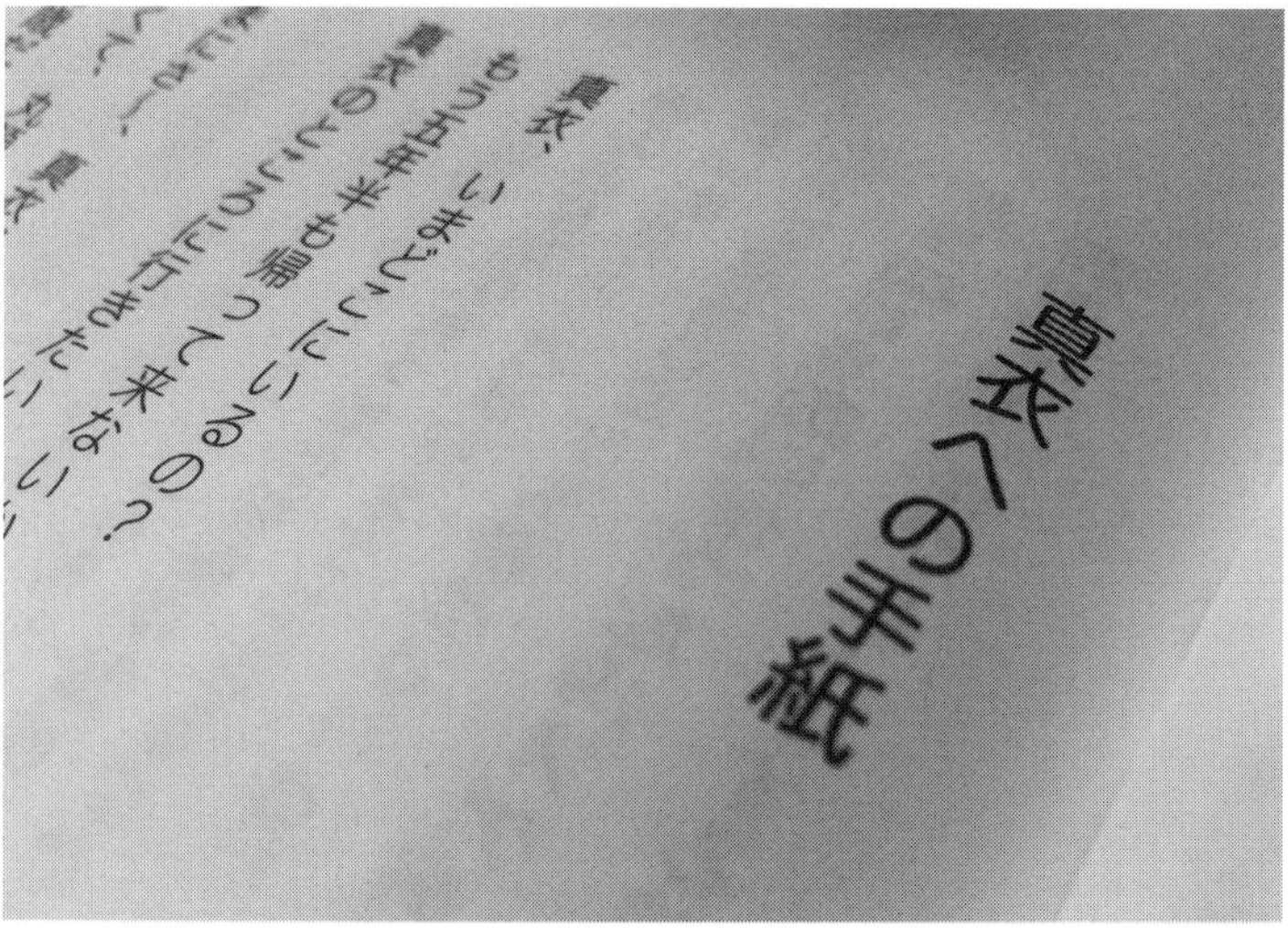

みをどこかで求められる。

手紙から受ける印象は違った。手紙は本来なら、出した本人の手元にすら残らず、読むのは送られた人だけだ。手紙には、厳密さや公的な責任から離れた、ごくごく私的な言葉が並ぶ。一貫性もさほどなく、どこか言葉が揺れている。例えば、少し不思議な体験を語るこんな一文はどうだろう。

〝たまに澪がね、真衣そっくりの顔になったり、そっくりの声になるんだけど、そのときって近くに来ているの？

そんなときって真衣と一緒にいる気分になったりします。

そのときは悲しいんじゃなくて嬉しい気分です。

なんか変だね〟

亡くなっていることを受け入れていながら、またどこかで会いたいと願っている。

私には、鈴木さんの心の機微や揺らぎの中に、何か大切なものが見えてくるように感じられた。

二〇一七年二月四日朝、仙台駅周辺でレンタカーを借りて、三陸自動車道を小一時間ほど走る。午前九時五〇分、指定された待ち合わせ場所に車を停めると、そこにグレーのパーカーの上に、紺色のベンチコートを着込んだ鈴木さんが待っていた。

「東京からきたら、やっぱり寒く感じますか？　ちょっと風がありますよね」

立春を迎えた石巻はからっとした青空が広がっていた。風はやや強い。最高気温が八度ちょっとまで上がったこの日の天気を、朝のニュースは「立春らしく寒さは和らぐ」と伝えていた。

二人で車に乗り込み、まずは大川小を案内してもらう段取りになっていた。車の中で鈴木さんは「あの手紙のことですよね……」と話を切り出した。

手紙を書いてほしいという話をお引き受けしたのは、去年の一〇月でした。書き始めたのは、その二日後です。

依頼があるまでは、手紙なんて書くことすら考えていませんでした。依頼をうまく利用させていただいて、娘に手紙を書いてみました。パソコンでＷｏｒｄを開いて、二〇分くらいかな。

真衣にいま伝えたいことを書こうと思ったら、すらすらと書けました。うまく書こうとか、もっと手をいれようとか、そんな風に考えるとダメでしょうね。あれこれ考えるより「そのとき、思ったんだ」って言えるものでいいなって。なんであんなことを書いたのって意味を聞かれても答えられないんです。

だから、文章の流れで変なところもあるのも気づいたんですけど、あえて修正せずにそのままにしました。一度書いてから手を加えていません。

人に向かって何かを語ることと、娘が読むだろうと思って書いた手紙は何かが決定的に違う。そんな話から始まった。

そのとき、私の心に浮かんだのは「でも……」というなんとも割り切れない言葉だった。

「いま伝えたいこと」をそのまま書いた、それはその通りなのだろう。それでも、手紙には、閉じ込めようとしても、溢れてしまう感情がこもっているように見えた。それは何なのだろう。そんな疑問を言葉にはできなかった。

疑問を抱えたまま、車は大川小に着いた。午前一〇時過ぎのことである。周辺の整備は進んでいるが、建物はあのときのまま残っている。私たちが到着する時

石巻市立大川小学校

間と前後して、学生とおぼしきグループが津波の跡が残る校舎を見学していた。土曜日の午前中であっても、誰に案内されるわけでもなく人がぽつりぽつりと訪れていた。

正門前に建てられた慰霊碑に手を合わせ、鈴木さんとともに大川小の中に入る。語り部の活動で使っているという黒いファイルを手に持っている。

この中に、震災前の大川小がどんなところだったのかまとめてあります。私もここで生まれ育ちました。母校でもあります。

大川小は全部を残すことになりましたが、周辺の変化はどうしても、わからないでしょうし、その前に何があったかも

イメージができないと思うんです。だから、これ（ファイル）を見せてます。遠方からも見にくる方がいるんですよ。建物があって、慰霊碑も整備されたからでしょうね。慰霊碑を掃除していると、見にこられた方に「ご遺族の方ですか？」と聞かれることもあります。「ええ、そうなんです」というところから始まって、少しずつ会話をしているうちに、大川小のことを話すようになっていました。はじめは毎日、涙が止まらなかったんですよ。話しているうちに、涙が出てくることもありましたね。

ファイルには、私が知らない震災前の大川小の様子がある。

鈴木さんが見せてくれた一枚の写真、そこには満開の桜とともに、二階建てで扇型に広がる特徴的な校舎が写っている。あの日より前の写真と、津波の跡が残っている校舎を見ながら話を聞く。

黒と黄色の規制ロープの先にある校舎を見ながら、鈴木さんは硬い表情で淡々と語る。校庭には桜の木や芝生があり、給食を屋外で食べる時間があったこと。一輪車が何十台とあり子供たちはそれで遊んでいたこと。

建物の中も案内してくれた。

津波をかぶったプリントもネームプレートも残っている。娘の名前はここにある、と鈴木さんは指さしてくれた。白く縁取られた長方形、青い枠の中に名前があった。どこにでもある学校用品である。日常と、津波の圧力で持ち上がってしまった一階の天井、折れてしまった渡り廊下といった非日常が同時にそこにある。鉄筋ごと引きちぎれてしまったコンクリートが、ここで起こったすべてを語っていた。

校庭に戻り、再び鈴木さんからあのときの話を聞く。

大きな揺れが収まり、児童、教員は校庭へ避難した。裏には普段から授業で行き来している小さな山があった。

六年生の中には裏山への避難を訴える

児童がいたという。しかし、そこから津波がくるまでの「五一分間」、子供たちは教員の指示に従って、校庭に待機していた。

そして児童たちは、小学校近くを流れる北上川に架かる橋のたもとにあるわずかな高台、通称「三角地帯」を目指して歩き出す。その直後、午後三時三七分ごろ、津波にのまれた。「大川小がある場所は海抜一メートル一二センチなんです。低いでしょ。北上川より低いんです。なんで津波警報が出ても避難しなかったのか。それはなぜ？」。

気象庁のサイトにあの日の石巻市内の気温が残っている。午後三時の時点で気温は一・四度だった。そして、時間を追うごとに下がり続ける。取材した日はそれよりは暖かかったが、鈴木さんはパーカーの上からベンチコートを羽織り、私もセーターの上からダウンジャケットを着ていた。それでも寒さを感じている。

私たち、こうやって防寒しているでしょう。

あの日は、今日よりもずっと寒い日だったんです。そんな中で、教室で着ているままの服で、外履きを履いていない子もいたんです。薄っぺらな上履きで校庭に立っててね。どんな気持ちだったのかなって思うんです。寒かっただろうな。大きな揺れのあとで怖かっただろうな。校庭では体調が悪くなった下級生もいました。

そんな寒さの中、三角地帯を目指す。津波がくるほうに向かって、走っていたんです。

高台に出る直前、津波で流れてきた土砂やがれきが川を溢れ、生き埋めになりました。

〝もうひとつ教えてください。

三月一三日に真衣を見つけたときだけど、そのときにパパに教えてくれたの？

「ここにいるよ」って教えてくれたの？

捜索終了の夕方に「この下にいるからもっと掘る」って行ったら周囲の人は「もう居ないって」って言われた。でもパパは「絶体いるよ」って言って掘っていたらみんな協力してくれて、そこで真衣の足が見えたんだ〟（原文ママ）

「ここで真衣を見つけました」と鈴木さんが手を向けた。左手には山の斜面がある。県道へと続く細い裏道である。地面にはうっすらと雪が残り、枯れた草を覆っている。

私にはそれしか見えない。だけど彼の目には違うものが映っているのだろう。経験をした人にしかわからないものがある。

鈴木さんが手帳につけていた記録と手紙にはこんなことが書いてある。

三月一三日、消防団員だった鈴木さんは真衣さんや児童の捜索のため、大川小に向かった。大川小で何が起こっているかは断片的に伝わっていた。

そこには、前日一二日に見つかった遺体がブルーシートにくるまれ、一〇人ほど寝かされたままになっていた。周囲を見ると流された車の中に、住宅が流された場所に、遺体が残っている。「なんで、なんでこんななぐなってんの、なんでこんなに人が死んでいるの」と思う。

ほとんど言葉を交わさないまま、誰ともなく手でがれきを撤去し始め、土砂を掘る。他地区からも、応援で捜索に協力する人たちがやってくる。彼らはスコップで掘り始める。それを見て鈴木さんは一喝した。「おいこら、スコップで掘ったら体さ突き刺さっぺ。ここで捜索している意味がわがんねんだったら帰れ。自分の子供がここにいると思って捜せ」。

なぜ手で掘っているのか。それは遺体を傷つけないためだ。自分の子供、知り合いの子供が巻き込まれたかもしれない。自分たちには暗黙の了解がある。それなのに、なんで他の人はわからないんだ。

言葉は怒気を帯びる。現場から、子供たちの遺体は次々に見つかった。

捜索の打ち切りは午後三時と決まっていた。ここにはもういないだろう。周囲はそう判断して、そろそろ打ち切ろうとしていたが、鈴木さんだけは「あと一人いるはずだ。足が見えた」と主張する。

「俺には見えたんだ」。確信を持っていたが、周囲は納得しない。「いや足が見えた子は救出した」「あどいないでば。いま掘ったべや」。

みなが打ち切りを説得しようとする。それでも見えたものは見えたのだ。納得できずに食い下がる。

絶対にいる、と言いのこし、一人現場に戻って、掘り続ける。周りも折れて、協力する人たちも出てきた。

ほどなくして、足が見えた。「あったぞ、見ろ。あったべや」と叫んだ。小学校の上履きが見えた。小学生だ、と確信する。そして、見慣れた文字で、名前が書いてある。「真衣」。

子供の名前を大きな声で叫んだ。黒いベンチコートを着て、ヘルメットをかぶった娘がいた。土はいっぱいついていたが、きれいな顔をしていた。寝ているような顔は、いまにも起きてきそうだった。

しかし、下唇はぐっと嚙みしめたままで呼吸は止まっていた。他の消防団員がブルーシートを引いた場所まで運ぶ。そこには、他の子供たちの遺体も並べられていた。

道路の上に子供たちの遺体が並び、その中に自分の娘もいる。もしかしたら、山に逃げているかもしれない。いまごろ、寒さに震えているかもしれないが、生きているかもしれないと希望は持っていた。

鈴木さんは真衣さんの遺体に額を突き合わせ、泣いた。

近くにいた女性がペットボトルの水を差し出してくれた。自分が持っているタオルと、その水で真衣さんの顔をふく。ヘルメットと眼鏡を外した。

悲しみとともに、わきあがった感情は怒りだった。それは自分に向けられる。なぜ迎えにいかなかったのか。山にいるという希望がなくなったことへの苛立ちも同時にあった。鈴木さんは翌日以降も捜索に向かう。自分の娘を見つけたからもういいというわけにはいかない、そんな使命感と同時に、一人になりたくないとも思っていた。

私たちは真衣さんの見つかった場所から、再び大川小に向かって歩いていた。

自分の子供を自分で見つけた人は少なくないのだと、鈴木さんは教えてくれた。なぜ「まだ足が見えた」と断言できたかはわからない。いま振り返れば、それほど強い根拠があったわけではない。

それは子供たちが親に教えてくれたのだろうと考えている。「周囲はすっかり片付いてしまったけど、大川小だけはあのときのままなんですよ。周囲には、また震災前のように桜を植えてあげたいなぁって思っているんです」。

保存は、鈴木さんが遺族会会長を務めているときに決まったものだ。当時は大川小を一部保存するか、それとも完全に撤去するのかで議論が揺れていた。

遺族の中でも意見が分かれていた。鈴木さんにも自分の考えはあったが、会長としては声をあげられない。リーダーシップが問われている。そう考えた鈴木さんが決めたのはこうだ。

遺族会としては保存についての結論を出さない。決定は最終的に石巻市に委ねる。しかし、それには一つ条件がある。選択肢は一部保存か、撤去かの二択ではない。もう一つ、遺族の中に強い希望がある「全部保存」という選択肢をつけて、三択で議論してほしい。

結果的に、大川小はすべてが震災遺構として保存されることが決まり、いまに至る。再び車に乗り込み、場所を変えて話は続いた。

道の駅の一角にある小さな休憩スペースの一席に、コートを脱いで座った。コンビニで買ったホットコーヒーを飲みながら、私は鈴木さんに手紙のことを聞いた。強い風が吹くたびに、そこのガラスががたがたと鳴っていた。

鈴木さんは、自ら書いた震災から一年の記録と、三人姉妹の成長の記録をまとめたファイルを持っている。一年の記録だけでＡ４用紙八四枚分ある。写真を数十枚使い、少しずつ書き足して印刷した。今回の手紙もまとめてとじ込んだら、ついに留め具にヒビが入ってしまったんだと笑う。

手紙は近況報告から始まっている。

〝あとねー、庭に作ったバスケットボールのゴールだけど、高さはミニバスのままだよ。

（中略）

たまには遊びに来てシュート練習でもしたら。ボールも置いてあるから。

二人で練習したのが懐かしいね〟

「成長の記録」を開き、庭の一角にあるバスケットゴールの写真を指さす。「これですね。自分で作ったんですよ。中学生用の高さに調節することもできるんです。ちょっと迷ったんだけど、結局、そのままにしたんです」。

震災前、鈴木さんは女子のミニバスケチーム、大川ウイングスのコーチを務めていた。真衣さんも所属し、コーチと選手としても接していた。練習場所は津波で壊れた大川小の体育館だ。

バスケはまったくの素人だったが、中学時代にバレー部で県大会優勝したことがあり、スポーツは好きだった。前任コーチがやめることになったとき、「鈴木さんでどうだろう」と親たちから頼まれ、迷わず引き受けた。

その年、真衣さんは入団したばかりの四年生であり、鈴木さんは新人コーチだった。そこからの約三年は、二人の大切な思い出である。

あの頃は大変でしたよ。ミニバスのコーチって大会の審判もやらないといけないんです。ルールも覚えないといけないし、子供たちの指導もしないといけないし……。

上のお姉ちゃんもミニバスやってたから、家の庭にバスケのゴールを作ったんですよ。真衣とも二人でよく練習しましたね。

真衣は娘だからって特別扱いはなし。たぶん、一番怒ったんじゃないかな。休みは、お互いに練習や試合でしょ。親がコーチって嫌だっただろうなぁと思いますよ。でも、努力してみんなと一緒にうまくなりましたよ。

真衣さんだけでなく、大川ウイングスのメンバーも亡くなっている。あの年の七月にあったメンバーの慰霊祭で、鈴木さんはコーチとしてメンバーだった彼女たち一人一人にお別れの言葉を述べている。

それからも女子のミニバスチームから指導の依頼はあったが、結局、引き受けることはなかった。震災後は中学男子の指導を二年間だけやって、いまはやめてしまったのだという。男子チームの指導はできても、どうしても女子はできなかった。「なんか泣けてくるし悔しくなるからね」と手紙にその気持ちを綴っている。

自分の体はまだまだ動くし、やろうと思えばできる。でも、それとは別にどうしてもぬぐいきれない悲しみがある。

だから、と鈴木さんは思う。他の子たちを思い出したり、重ねたりしながら指導するのは、教える子供に対してとても失礼ではないか。ならば、潔く引き受けるのはやめよう。

そうそう、手紙の中でタバコやめたって書いてあるでしょ。

それまでは吸ったり、やめたりを繰り返してたんです。ちょうど、やめるって言ってた時期にバスケの試合の合間に、他のコーチと吸っちゃったんですよ。そこを真衣に見つかって……。「あぁ、パパ吸ってる」みたいな顔で見るんですよね。だから、ちゃんとやめたよーって報告しておこうって。

「本当に些細なことばかり、書いていますね」と鈴木さんは微笑んだ。大川小を案内していたときの厳しい表情は消えて、娘の思い出を語り始めたその表情には柔らかい笑みが浮かんでいた。

私は右手でピースサインをする着物姿の真衣さんの写真を見ながら、鈴木さんの手紙の一節を読み上げた。

〝たまに澪（三女）がね、真衣そっくりの顔になったり、そっくりの声になるんだけど、そのときって近くに来ているの？

そんなときって真衣と一緒にいる気分になったりします。

そのときは悲しいんじゃなくて嬉しい気分です。

なんか変だね〟

読み終わり、「とても不思議な気持ちになる文章だと思いました」と付け加えた。

真衣さんは亡くなっているはずなのに、まるでどこかで生きているかのように語りかけていて、それを鈴木さんが「なんか変だね」と書く。書いている当事者ですら気づかなかった感情の揺れが、そこにはあるように思える。


確かに、言い回しはおかしいなぁ。でも、直そうとは思わないんですよね。

それは、いつまでも私にとっては三人姉妹だからですよ。「お子さんは、何人ですか？」って聞かれたら、とっさに「三人です」って答えてます。

仏壇に、真衣のランドセルとか持ち物を置いてあるんです。そこは「真衣の部屋」って家族で呼んでいます。お菓子もらったときなんかも、澪に「これ真衣にあげてきて」とか言ってね。

自然とそうなっていったんですよ。ずっといるって感じでね。

だからなのかもしれないですね。澪の

鈴木典行さん

顔って長女に似ているって思ってたんです。なのに、ふとしたときに澪が話しているのに、「あれ、真衣がいまいたよな。声が聞こえたぞ」とか思うんですよ。そのときは全然悲しいとか、怖いとか思わない。あっいるんだな、って嬉しいんですよ。変だって自分でも書いてますね。書きながら思ったんだろうなぁ。冷静に考えたら変かもしれないですけどね。

私は「変だとは思わない」と伝えた。震災に限らず、残された遺族の話を聞いていると、まるでその人が生きていて、すぐそばにいるかのように話している人たちと出会う。悲しみをあらわす言葉は人それぞれまったく違うが、共通点はある。愛していた人との別れを経験し、悲しみ、その経験を固有の体験として語ること。その語り口は優しく、あたたかい。彼らは亡くなった人とともに生きている、と何回も感じた。鈴木さんの語りにもそれがある。

これは素のままの言葉です。父親から、娘に贈る言葉。

手紙というのは不思議なもので、書いてみたら、普段は言えないような感情を込められる。

インタビューでは引き出せない言葉が手紙にはある。素の言葉は個人にしか語れない。その言葉に触れているとき、私は確かに、ここに「生きた人」がいるというリアリティーを感じる。

なぜ手紙にだけ、あらわれる言葉があるのか？　その後の取材で会った若松英輔さんはこんなことを言っていた。「手紙を書いた方々は、言葉で書けない思いを見つけたと思う」。手紙を書くことで、あるいは書こうとすることで、人は「書けない思い」を発見する。文字として書けるものがすべてではない。本当に伝えたい悲しみや情愛は、言葉にならないもの、つまり余白にこそ詰まっている――。

手紙を読み、私は確かに「素のままの言葉」に触れたと思っていた。もしかしたら、それは勘違いだったのかもしれない。私が感じていたのは、書いてある言葉そのものではなく、一人の人の存在がはっきりとあらわれてくる行間であり余白、書ききれないものの大きさだったのではないか。

道の駅にあるレストランで一緒に昼食を食べてから、鈴木さんと別れ、私は石巻市内の沿岸部を少しだけ見てまわった。

私は二〇一二年にも、この街に取材にきている。当時、あれだけ被害の大きさを感じさせた道路沿いはすっかり片付き、車の往来は活発になっていた。その景色を見ながら、私は鈴木さんの言葉を思い返し、考えていた。

発見したときの気持ちは言葉では語れない、と言っていた。震災から何年たっても、記録をつけても、手紙を書いても、語り部をやっても、語れないもの、書けないものが残っている。

当事者ですら、というか当事者だからこそ、言葉にならないものを抱えて生きている。私は、それを感じてきただろうか。

考え、自分に問う。

取材をしながら、人の心も道路と同じように時間とともにきれいに片付くと思っていなかっただろうか。当事者が言葉にしたことだけで、わかった気になってはいないだろうか、と。

3　揺らぎの先に

「僕は教員だった父の死をどこか悲しみきれていない」、と彼は言った。

東日本大震災で残された遺族の中には、大切なその人の死を受け止めきれない人がいる。小学校教師だった父を亡くした大学生、佐々木奏太さん（二一歳）もその一人である。

父（当時五五歳）はあのとき、大川小にいた。大学生になった佐々木さんはいま、児童の遺族とともに大川小に立って、何が起きたかを訪れる人たちに語っている。

佐々木さんの活動は、二〇一七年に全国紙やテレビもこぞって取り上げていた。大川小の教員の遺族が亡くなった児童の遺族とともに語る。中学生だった子供が成長し、震災を語ることを選ぶ。彼の「物語」を記者たちが丁寧に取材し、発信をしていた。

それを読むと「父の死と向き合い、乗り越えた遺族」に見える。しかし、六年という時間は死者と向き合うのに十分な時間だったのだろうか。

二〇一七年二月、東北学院大であった

佐々木奏太さん

震災関連のシンポジウムで出会った彼は、「自分は父親に手紙は書けない」と繰り返し話していた。シンポジウムのあとの簡単な食事をともにしながらの会話で印象に残ったのは、聡明な語り口で質問に答える姿と、教育大に進学しながらも「教育実習に行けなくなってしまった」と語る姿とのギャップだった。

待ち合わせた彼はダークネイビーのコートに、黒に小さなドットが入ったシャツ、それに細いパンツを合わせていた。こざっぱりとした学生っぽい格好である。カフェで話が始まった。口調はあくまで冷静、自分を客観視しているようだった。

震災当時、佐々木さんは石巻市の隣にある南三陸町の中学三年生だった。朝はいつもと同じようにやってきた。仕事に行く父親を「いってらっしゃい」と見送り、登校する。進学先は決まっていて、中学生活も残りわずかだった。

大きな揺れがやってきた。中学校も自宅も高台にあったため、津波は見ていない。しかし、断続的に被害は伝えられ、そのまま中学の体育館で避難生活が始まった。

その日、母は沿岸部に仕事に行っていた。父はほかよりも安全なはずの小学校にいるから、まず心配なのは母だと思っていた。実際は、母は別の避難所にいて無事だった。数日後、体育館に迎えにきた親族は「大川小が孤立して、大変なことになっている」と伝えた。

そのまま、父を探しに大川小に向かったが、道路状況が悪く南三陸町から現地に行くことすらできなかった。近隣の避難所もまわったが、父の姿も名前もない。探している途中にすれ違った大川小の校長が、すべてカタカナで書いた手書きの行方不明者リストを見せてくれた。

その中に二年生の担任をしていた父の名前があった。

約一カ月後、北上川の河口付近で、身元不明の遺体が見つかった。損傷が激しく、外見だけでは誰かがわからない。震災から一年四カ月たった二〇一二年の夏になって、遺体は父だとわかった。

父が「行方不明」とされていた間、母はしばしば「長期出張に行ってるみたいだ」と言っていた。遺体発見時、高校生になっていた佐々木さんは警察官からこんな言葉をかけられた。

「君はまだ高校生だね？　だったら（遺体を）見ないほうがいい」

口調は優しかったが、有無を言わせぬ様子を感じ取る。遺体は骨壷に入って帰ってきた。

佐々木さんは「辛くて、悲しかった」と言うが、母の前ではその気持ちを打ち明けることができなかった。そして、大川小は社会的な問題になっていった。児童の遺族は、避難をめぐって市や学校側に問題があったのではないか、と主張していた。

家の中にいた父とは違う、教員としての父はどうだったのか。大川小で何が起きたのか。何か報じられるたびにテレビをつけたが、母は「チャンネルを変えてくれ」と言った。

高校を卒業した佐々木さんは、宮城県内の教育大学に通っている。

よく言われるんですけど、父の背中を見ていたから、とかではないです。震災直後からボランティアもしていて、そこでも子供と接することが好きだったので選んだんです。

フェイスブックには自炊の様子をよくアップしている。その中には、学校の給食をイメージしたものです、とシチューや果物、おからのホットサンドを並べた写真があった。日付は、二〇一六年三月二九日だ。

口調はきはきとしている。質問にも丁寧に答える。

児童の遺族と語るようになったのは、大川小で見た夕日の写真をフェイスブックにアップしたことがきっかけだった。

写真を見た、一人のご遺族から連絡がきました。とても嬉しかったです。実際にお会いしたときに「あなたの父親が守らないといけなかった」と言われました。僕もそう思っていたので、言われてよかった。

大川小で起きたことを繰り返したくないという思いは、児童のご遺族も、僕も同じです。だからこそ、同じ遺族として語り継ぎたいと思っています。

大学卒業後の進路についてもよどみなく話す。「生まれ育った南三陸町で働きたいと思っています。町の復興に少しでも貢献したいんです」。目標も明確で、自分のやりたいことを自分の言葉で語る。

しかし佐々木さんは、その卒業に必要な教育実習を前にうつ病になっている。どうしても、大学に行きたくない。体が重くなり、自分の思い通りに動かなくなった。原因をたどっていくと、実習先が父の担任していたのと同じ、小学二年生に決まったことにいきつく。

集合写真に写っていた父と子供たちの顔が浮かんでくる。父は教員として子供を守れずに亡くなった。いまの自分の知識や経験で子供たちを守れるのか？　どうやって？　振り返ってみれば、これまで受けてきた講義の中で学校の安全や、教員が子供を守るべきであるという話を聞いているときから、心は落ち着いていなかった。

自分は教育大に入ったときから、このときがくるのを恐れていた。そう思った。

周囲には当然だが、教員を志望する学生が多い。父のことや悩みを話したところで誰がわかってくれるのか。教育実習を楽しみにしている同級生に水を差したくない、と思ったら余計に体は動かなくなった。

その頃、フェイスブックの投稿はほぼ止まっている。

そして、二〇一六年八月二五日から始まる実習のその一週間前、ついに医者から実習参加にストップがかかった。

大川小児童の遺族が起こした学校の責任を問う裁判の判決も迫っていて、亡くなった「教員としての父」のことを否が応でも考えるようになる。そんな時期と重なっていた。

必修単位の教育実習を特例で免除してもらうよう大学に出した書類の中で、指導教官は彼の学生生活をこう記していたという。〝復興に関わるボランティアに熱心に取り組んでいるが、授業等の評価は良好とはいえないことも、また事実。現在は大学になんとか通っているという状況〟。

外でのアクティブな印象とはまったく異なる様子が綴られている。「いま思えば、僕は辛いとか苦しいって言ったことがほとんどないんです。どうしてなんでしょうね」。

「どうしてだと思う？」と私は聞いた。

「まだまだ、わからないんです」と彼は言う。

わからないとは「父の死」が、だ。自分が知っている家族としての父、大川小の教員としての父。ひとりの人の死がつながってこない。もちろん、家族としての父が亡くなったことは悲しい。しかし、大川小で子供を守りきれずに亡くなった父の死をどう受け止めたらいいんだろう。それを悲しんでもいいのだろうか？

どうしても、割り切れない思いが残ってしまう。

だから、辛いでしょって言われてもわからないんですよ。乗り越えようとしているね、とかって言われてもわからないんですよ。

「わからない」という言葉を言い続け、彼はこの日初めて、少しだけ声を荒げた。

乗り越えてなんていないですよね。みんな、わかりやすい話で理解しようとするから……なんか、せっかちなんですよね。

僕は大川小とどう向き合っていくかを決めようって走っているのに、「どう？　疲れてる？」って聞かれている気分です。一生懸命、走っているのに、疲れているかどうかなんてわからないんですよね。走っている僕にはまったくゴールが見えないのに……。

吐き出すように、一気に語った。

実は周りは、その苦しさを察しているのかもしれない。教育実習を断念したことを告げると、母は「わかってたよ」と言った。苦しんでいるのはわかっていた、と。

ある児童の遺族に「葛藤が強く、正面から向き合うことはできていないかもしれませんが、少しでも自分ができることからやっていきたい」とフェイスブックで打ち明けた。こんな返事が返ってきた。「現実から目をそむけず、向き合って生きていきましょう！その先には良いことが待っていると信じています！」。

六年という時間で得たもの。まだまだ時間がかかるもの。大川小で語っているのも、児童の遺族と一緒に活動しているのも、彼にとっては父の死と向き合っていく過程なのかもしれない。その苦しさを受け止め、姿を見守っている人はいる。向き合う時間はきっとあるだろう。

個的な言葉は揺れる。鈴木さんの話を聞きに大川小へと向かう前日、金菱さんと会ってこんな話をしていた。インタビューを生業にするフィールドワーカーや、ジャーナリズムの世界にいる人たち、つまり自分たちのような人間は、ともすると当事者がなんらかの答えを知っていると思って、話を聞きに行ってはいないだろうか。

レコーダーを向ければ彼らは真摯に答えてくれるし、私たちはその言葉を記録している。その言葉を無意識のうちにこれが答えだと思って受け取ってしまってはいないだろうか。当事者の言葉に正解がある、と思いながら書いているのではないか。「インタビューを受ける人たちは、本当に答えを語っているのだろうか」と金菱さんは考えている。

私は「当事者だから答えを知っていると思ってしまうのは、なんか危うい気がするんですよね……」と話した。この時考えていた危うさとはなんだろうか。こんな言葉にできる。

答えを知っていると意味付けた当事者の言葉からは「揺らぎ」がそぎ落とされる。私たちが「これが正解だ」と彼らの声を伝えるとき、当事者の声は、一つの「権力」として不必要に強化されてしまう。何が正解なのか考える以上に、揺らぎそのものを捉えること自体が大事なのかもしれないのに……。

彼は「インタビューをすると、何か知ったような気になりますよね。でも手紙を読むと、そんなことも知らない。何もわかっていないということが、わかるんですよね」と言って、こう続けた。

「ほとんどのインタビューでは、こちらは聞きたいことを聞く、相手は話したいことを話すというところで終わってしまう。それだけで、私たちは被災した人の気持ちを知ったような気になっていないだろうか」

手紙は揺らぎを映し出す。

彼が『悲愛　あの日のあなたへ手紙をつづる』に収録した三一篇の手紙の中で、ある人は亡くした夫に、ある人はまだ小学生だった娘に、ある人は一緒に生活していたペットに、ある人は帰れなくなってしまった土地への思いを綴った。

彼が大きな衝撃を受けたと語っている一節がある。宮城県多賀城市に住む、二歳年上の夫（震災当時五〇歳）を亡くした女性が綴ったものだ。

〝声には出さずに天井を見る。朝、アラームが鳴る前に目をさますようになったのは、最愛の夫であるあなたを失ってから。（中略）ゆっくりスマホに手をのばしながらあなたを思うと、少しだけ、涙で目がうるむ〟

〝目がさめて、となりにあなたがいない現実を思い知る、朝が一番つらい時間〟

〝「物は再生できるけど死んだ人間は帰ってこない。だから、そんなの要らない」。そんな気持ちがずっとあった。震災を乗り越えた人々の笑顔から目をそむけたくなる自分は、きっとまともじゃない、駄目な人間だと苦しむこともあった〟

彼女が、自身の日常について書いた一節だ。

「どうやってインタビューしたらこんな言葉が聞けるんだろう、と考え込みました。些細な日常に本当につらい瞬間がある。あまりに繊細で、第三者にはわからないだろう、と最初から語らずに蓋をしてしまうと思うんです」

「人によっては、書いた本人ですら自分がこんなことを書くとは思っていなかったという話を聞きました。『自分がこんなことを思っていたのか』と書きながら、再発見しているんですね」

再発見を嬉しそうに語る遺族もいたが、再発見したために筆が止まってしまった遺族もいた。揺らぎもまた個的である。

当時六歳の娘を亡くした母親は、ひらがなで書くか、漢字を交えるか、そこで詰まった。

彼女はメディアにも多く登場し、外に向けて語ることに長けた人だった。娘は六年が経過すれば、一二歳になっている。きっとこんな風に成長しているはずだという娘の姿を思い浮かべることもできるし、周囲の同級生も成長している。しかし、はっきりと記憶に残っているのは、六歳だった二〇一一年当時の姿だ。

あの日から止まった時間、そして流れる時間、この母親は二つの時間を生きていて、年月の経過とともにギャップも感じていることに気づく。例えば誕生日プレゼントは何をあげたらいいのか。娘がいま何を望んでいるのか、考え込んでしまうのだ。インタビューに答えるのには慣れていても、書けない。ここにもインタビューに出てこない言葉がある。

私たちはインタビューでどこまで人に迫れるのだろう。日常的に迎える朝が辛いこと、「復興」という言葉の重いこと。あるいは、二つの時間の流れ。「死者」と対話している人たちが持っている、あまりにも繊細な心の揺れをどこまでインタビューで引き出せるだろうか。何回かインタビューを重ねても、ここまで丁寧な言葉で語ってもらえないと思うのだ。

手紙は社会ではなく「あなた」にだけ語られる言葉である。逆説的だが、社会に向けて語らなくていい、「私」から「あなた」に向かって発する言葉だから広がりを持っている。それは個的に語ることでしか持ちえない広がりだ。

ここにヒントがあるように思える。インタビューもまた「個的」な言葉に接近しようと思うことで、広がりを持つ言葉に触れることができるかもしれない。それは、正解を求めようとする姿勢とは真逆のものである。

感情は揺らぐ、と書いてきた。それは当事者本人ですらわかっていない気持ちや、揺れる言葉であり、それは本人ですら自覚していない繊細な心の動きである。

いまでも震災の語り方をめぐって、しばしば「当事者」という言葉で線が引かれる。自分は「当事者」じゃないとか、広く言えば日本にいる人はみんな「当事者」だとか、「当事者じゃない私」に何ができるんですか、「当事者」意識を持つべきだ――そんな声をよく聞く。誰が当事者なのか、という線引きは本当に必要な問いなのか。私にはそうは思えない。

喪失と向き合う時間は人それぞれに違っている。いま必要なことは、当事者が誰かを線引きすることではない。

人間の喪失感は、そんなに簡単には埋まらない。何を思っているのか、何が悲しいのかすら言葉にできていない人がきっと多く残っている。それは何にも回収されない、何者にも代弁できない声である。必要なのは「本当に個的な言葉に耳を傾けてきたのか?」という問いではないか。

取材をしていて驚くのは、被災地で言葉を発する人たちの、思いの深さだ。あの出来事はいったい、なんだったのか。個人で問い、考えている。死者との対話とは、自分の思いの深さと向き合うことでもある。

例えば書くことで、話すことで、聞くことで人は自分の思いの深さに気づいていく。あてはまる言葉が見つかることもあれば、いくら探しても自分の喪失感を表現する言葉がないことに気がつくかもしれない。

だから、こうも思う。個的な悲しみが共振し合うのと同じように、借り物ではなく個人が深めていった思考もまた共振する。共振を感じ取ったとき、死者との対話は始まっていく。

第３章

歴史の当事者

生活の音が聞こえてこない町だった。商店が並んでいる道路を歩いていても、車は通らず、人の姿を見かけることもない。

コンクリートでできたクリーム色の駅舎の前に、七段の小さな階段がある。そこを登って、駅舎をのぞく。ガラス戸越しに赤いマジックで「大地震のため終日運転を見合わせています」という文字が書かれたホワイトボードが見えた。赤い字は少しだけかすれていた。

駅の近くにある小さな新聞販売店はガラス戸が固く閉じられている。その中には、木でできた作業台が二つ並び、台の上に新聞が三紙並んでいる。左から福島民報、毎日新聞、スポーツニッポンが見えた。

見出し、写真とも普段は系統が違う三紙だが、この日ばかりは同じことを一面で報じていた。大きな文字で「県内で震度六強」「東北で巨大地震」とある。紙は日に焼けたのか、やや黄ばんでいて、大きなカラー写真は色あせていた。日付は二〇一一年三月一二日とある。

開封作業が進んでいたのはごく一部だったようだ。大半は作業台の側に、ビニールに包まれたまま、未開封の束として無造作に積み上がっていた。福島民報はビニールの上からぐるりと黄色のビニール紐で一巻き、毎日新聞は同じ紐で二本、十字に縛られたまま手付かずで置いてある。

海岸を歩くと、白い車が前のめりになって前半分が砂浜に突っ込んだままになってい た。突っ込んでいる部分はひしゃげ、ガラスはすべてどこかに消えている。ところどころにある錆が時間の経過を物語っているが、片付けられる気配もない。紫色のバスの座席、原型をとどめていない白い軽トラックもある。

商店があるエリアに移動する。ショッピングセンターの入口付近にある雨よけは、オレンジ色のビニールがところどころ剝がれ、銀色の骨格部分がむき出しになっていた。店内はものが散乱している。

ショーウィンドウには、黒と白のプリントが入ったボーダーのTシャツと水色のスカート、上から長い丈のカーディガンを羽織って、およそ不自然な笑顔を見せている少女のマネキンが立っていた。あの日の大地震、その後、何度もあった大きな余震でも倒れずに飾られたままになっている。

午後三時になり、帰宅準備を促すサイレン音が響き渡る。いったい、この音を何人が聞いているのだろう。

二〇一四年八月一七日、知人の研究者と訪れた福島県浪江町である。この年、浪江町は特別な許可を得ないと立ち入りが許されなかった。私が原発事故と聞いて、とっさに思い出すのは、このときの光景だ。

歴史に刻まれながら、歴史の流れの狭間に閉じ込められてしまった街の光景。

二〇一一年以後の歴史を生きている、ということを考えたいと思った。言葉なんて、この現実の前ではすぐには意味を持たないかもしれない。でも、同時代の経験として、語り方を考えていきたい。すぐに過去のものにならない語り方とはなんだろうか。それを、どんな立場で考えていけばいいのだろうか。

サイレン音を聞きながら、私はもう一つの土地で考えたことを思い出していた。あの場所で聞いた言葉、原発事故を抱えたもう一つの土地で聞いた言葉を。

Ⅰ　観光者のまなざし

「ウクライナであってもチェルノブイリ原発事故はもう過去の話なんだ」

男は小さな、しかしはっきりとした声で語り始めた。そこはチェルノブイリ原発周辺三〇キロ圏内の立入禁止区域、通称「ゾーン」の中である。二〇一三年一一月、この時期、曇天もしくは雨が多かったウクライナで、男はややぬかるんだ地面を歩きながら話す。迷彩色のジャケットとパンツ、黒のニット帽をかぶっている。帽子からはみ出した両耳にはシルバーのピアスが光っていた。

表情を崩さないまま、彼は続ける。あくまで、仕事だからと割り切っているような淡々とした口調で答えてくれた。

事故の忘却は事故後、二年を過ぎた頃から始まったと思う。それと同時に、社会で起きている問題の何もかもが、この事故のせいだという人たちも出てきた。事故を起こしたチェルノブイリ原発四号機を覆うコンクリートの「石棺」ができた頃から、人々は社会で事故のことを話題にすることもなくなっていった。

いまは事故が起きた年「一九八六」という数字としてしか知らない人がほとんどだよ。数字というのは「冷たい知識」だ。キエフで「プリピャチ市」（約五万人の原発労働者とその家族が住んでいた街）の名前を出してもほとんどの人は知らないか、「たしか川かなんかの名前だっけ」という程度だろう。

「この地に海外から観光客がくる」と話すと、ウクライナ人であってもみんなが驚く。観光が解禁されたといっても、ウクライナからのツアー客は少ないからね。チェルノブイリは話題にもならないから、事故当時の記憶のまま情報が止まったという人も多い。

自分の仕事は情報を与えて知ってもらうことだ。可能な限り情報を出していく。

「それにしても……」と彼はここで表情を少し崩して、ふっと口元を緩めながら続ける。

「こんなに質問がきたツアーは初めてだ。自分の役割は情報を与える側。質問に答えることは重要だと思っているんだ」。

彼、エブヘン・ゴンチャレンコさん（四〇歳）の肩書きはウクライナ立入禁止区域庁職員、つまりチェルノブイリ原発事故が起きたエリア一帯で働いている。この一両日、彼の仕事は遠く日本からチェルノブイリ原発ツアーにやってきた「観光客」のガイドをすることだった。

「チェルノブイリ原発に観光にいく」。一見すると風変わりな、しかし大真面目なツアーに参加した。ツアーを監修したのは、哲学者の東浩紀さんが立ち上げた会社「ゲンロン」である。

ツアーのあらましを簡単にまとめておく。

一九八六年四月二六日、ウクライナ北部にあるチェルノブイリ原発で事故が起きた。チェルノブイリ原発はベラルーシとの国境付近にあり、当時のソ連で大きな期待を込めて建造された。

エブヘン・ゴンチャレンコさん

人為的なミスから起きた事故でウクライナ、ベラルーシ、ロシアを中心に膨大な量の放射性物質が飛散し、周辺に人は住めなくなり、街は廃墟になった。健康影響や避難は日本でも事故直後から大きな関心事となり、特に二〇一一年以降も継続的に報道されている。

そんなチェルノブイリへの観光ツアーが解禁されたのは、事故後二五年を迎えた二〇一一年のことだ。周辺の放射線量が下がったことに加え、内外から「現地を直接見たい」という要望が強く、ウクライナ政府が応えたのだという。

旅行会社などを通じて許可を得て原発三〇キロ圏内立入禁止区域「ゾーン」を見学する。どのツアーでも一八歳以下は参加できない。当局のガイド（これがゴンチャレンコ氏だった）が同行し、事前に決められたルートを見学する。旅行会社によってルートは異なる。区域内の土が付いた靴は没収される可能性もあると注意を受けたが、洗浄する場所も設けられていた。服装は長袖、長ズボンであれば普段着で問題なく、カメラや携帯電話を持ち込むこともできた。

原発自体は二〇〇〇年に運転を停止したが、いまでも廃炉作業は終わっていない。普段、ゾーン内は廃炉などに関わる作業員や政府当局の職員ら関係者しかいない。あとはサマショール（ロシア語で「自ら帰ってきた人」、つまり自主帰還した人たち）だ。

こう書くと、訪問は少しハードルが高そうな印象を受けるかもしれないが、実際は首都キエフからチェルノブイリまで一〇〇キロ程度しかない。東京から熱海までバスツアーで行くのと、距離でいえば同じようなものだ。

このときの私は、自分が震災や原発事故を書くことの意味合いについて考えていた。純粋にチェルノブイリを見てみたいという興味もあったが、それ以上に大事だったのは、一連の出来事を取材して書くにあたって「いったい自分はどんな立場で考えているのか」という意識である。

生まれ育った土地でもなければ、別に縁がある場所でもなく、所詮は第三者のメディアの人間がふらっと行くにすぎない。そんな自分がただ知りたいという思いだけで、訪れていいものなのか。

私はチェルノブイリのことをたいして知らない。観光はおろか、放射性物質に汚染され、立ち入ることすらできないと思っていた。言ってしまえば「偏見」にまみれている。だから、逆に行ってみようと思った。過去の原発事故、それも他国の話なので当たり前だが、知り合いすらいない。そんな場所でも、何かを考えられるのか――。

当時、記事にするためにまとめていたノートに、少しずつ記述が足されていった。私はこんなことを書いていた。


ツアー参加者は約三〇人だった。多いのは学生で、メディア関係者も何人かいた。まずキエフ市内にある国立チェルノブイリ博物館を見学する。それは、古い街並みが続く地区の一角にぽつりと立っていた。

入ってすぐのところで福島展を開催している。天井には鯉のぼりも飾ってあり、福島の原発事故を伝える写真や新聞記事も展示されていた。

チェルノブイリ原発の近くにあった、原発労働者の街・プリピャチは、全住民が一一〇〇台のバスで避難した。当時のフィルムなども見ることができる。

広島についての展示もあった。オレンジ色の空が広がる原爆ドームの写真がなんとも印象的だ。広島の象徴として、必ず出てくる光景である。福島ではどんな光景が象徴となっていくのだろうか、と考えてしまう。

博物館はデートスポットになっていると聞いていたが、確かにまばらながらも二〇代前後のカップル二組とすれ違った。

ここのガイドは、アンドレイ・モーリンさん（三一歳）だ。二〇〇七年五月に教員からガイドに転身して、常勤スタッフになった。事故時には四歳だったから、あまり当時の記憶はないだろう。そ

チェルノブイリ博物館

れでも彼は語る。

原子力の悲劇という点で日本は第一の現場ではないか。テクノロジーを手に入れても忘れてはいけない。チェルノブイリ事故後の問題は解決されていないから福島でも事故が起きた。原子力には問題があるということを忘れないようにしている。

この博物館を「技術博物館ではなく、歴史博物館」（『チェルノブイリ・ダークツーリズム・ガイド』〔ゲンロン〕より）と語る、アンナ・コロレーヴスカ副館長のメッセージも紹介しておこう。「継続的に福島に関するものを展示したい。展示にはテクストをつけていません。解説はガイドがします。どうか自分で感じ取ってほしい。日本からきた人たちがどう感じるかが大事だと思っている。きたら、ぜひ感想を教えてほしい」

日本では、時折、チェルノブイリと福島を比較されることはおかしい、という声を聞くが、彼らは日本で起きた原発事故をまったくの他人事とは思っていないようだ。

ホテルで一夜を過ごし、朝、キエフからチェルノブイリに向けてバスで出発した。原発まではキエフから車で約二時間。都市部を抜けて一時間もすると家はまばらになり、見渡す限り緑一色の田園風景が続く。

それにしても、国の首都からわずか二時間ほどで世界的な原発事故が起きた場所に着くとは。キエフはこじんまりとはしているが普通の都市なので、そのギャップに驚いていた。

ゾーンの入口に着くと、ここでガイガーカウンターを一人ずつ受け取る。入口付近の放射線量は、おおむね〇・一五マイクロシーベルト毎時といったところだ。

旅程はこうなっていた。一日目にガイドと一緒に廃墟となった原発周辺の村や原発労働者のために開発された街・プリピャチ市内を散策。事故を起こした四号機を外から見て、公園や博物館を見学したあと、ゾーン内で一泊する。

二日目は避難先から自主的にゾーン内の自宅に戻ったサマショールの老夫婦に話を聞き、原発内の事務所や制御室、事故で亡くなった当時の作業員の墓を見学する。

ゾーン内で目立つのは一九七〇年代、旧ソ連時代に作られたチェルノブイリ市のモニュメントだ。市の入口を示すモニュメントには金色で彫られた原発が明るくシンボリックに描かれている。

ゾーンでガイドを務めてくれたゴンチャレンコさんもモーリンさんと同じく転職したらしく、かつてはゲーム関連の会社に勤めていたという。

静かな口調で話す彼の性格に、人の少ないゾーンの生活は合っていたのか、勤務はすでに一四年という。彼はあまり表情を変えずに話す。あくまで淡々と、しかし事実は的確に伝えるというのが彼の方針のようだ。彼は別の仕事で、事故後の福島を訪れたことがあるとも語っていた。

（ゾーン内の）土地は農業に向かず、畜産が主産業。若者が村を出たチェルノブイリにとって原発は両義性がある存在です。原発は新たな産業として土地に命を吹き込んだが、その原発が土地の命を奪った。帰れなくなった住民の思いは福島もチェルノブイリも変わらないと思う。

「ここは線量が高いですよ」。一〇キロ圏内に入りゴンチャレンコさんが線量計を見るよう促す。観光ルートの一つで多くの観光客が訪れるホットスポット（線量の高いエリア）、コパチ村幼稚園の周辺だ。七マイクロシーベルト毎時、一〇マイクロシーベルト毎時と数値が上がり、ほうぼうのガイガーカウンターからピーと警告音が鳴る。

幼稚園には、警察官や乗り物が描かれたぼろぼろの教材、放置されたままの人形が置かれている。椅子やベッドも当時のままだ。約五万人の原発労働者やその家族が住んでいたプリピャチ市内も同じように当時の様子がそのまま残っている。

原発とともに旧ソ連でも先進的な都市として知られるようになったプリピャチ。完成時、海外からの視察団もこぞって視察に訪れたという団地が立ち並ぶ。いかにも旧共産圏らしい角ばった建築物が多く、廃墟マニアが喜びそうな場所だ。ここはゲームの舞台にもなっており、今回のツアーにもファンがいた。彼はプリピャチを訪れることがツアー最大の目的だったと、話してくれた。なんとも軽薄な動機ではあったが、そんな彼が他の場所でも熱心に撮影し、ガイドの話に耳を傾け、原発事故への関心を示していく一連の過程はなかなか興味深いものがあった。

市内には観覧車が風雨にさらされむき出しのまま残っていた。事故から五日後にあたる一九八六年五月一日にオープン予定だった遊園地のアトラクションである。無人の観覧車は象徴的な意味合いを持たされているようだ。車を模したゴンドラは、黄色と水色、赤のペンキが色あせてしまい、落ち葉とコケにまみれている。手入れらしい手入れはしていないの

だろう。残せるものはそのまま残し、観光客に見せる。観光地としてのチェルノブイリツアーの方針は一貫していた。

事故を起こした四号機前も整備され、まさに観光地と化していた。おあつらえむきの記念撮影スポットが整備されている。線量はさすがに高めで五マイクロシーベルト毎時前後だが、ツアー客のほとんどがここで撮影する。手をかたどった作業員の顕彰のためのモニュメントを入れて、四号機と一緒に写真に収まるというわけだ。撮影スポットから四号機までの距離は三〇〇メートルほどという。

ゾーンの中はやたらと原発事故に関連する彫刻が多い。直後に事故の消火活動にあたった消防団員の像は、リアルな表情をしていた。当時使っていたという重

チェルノブイリ原発四号機

機もそのまま展示されている。中にある博物館のモニュメントもなかなかもので、ガラス張りの床に原子炉をモチーフにした展示物を並べ、その周辺に何台もの乳母車や椅子といった生活を意識させるものを配置する。原発事故とそれによって失われた日常をあざといくらい対比させる展示だ。

ウクライナの一一月は日が沈むのも早い。午後五時過ぎにはあたりが暗くなり、見学を終えて宿舎に向かう。

宿舎には二人一組で泊まることになっていた。室内の暖房は効いている。ツアーの食事は施設内の食堂で済ませる。生のニンニクのみじん切りがのっているパン、ハムやチーズ、サラダなどの前菜、ボルシチのようなスープ類、肉料理とジャガイモなどの付け合わせといった平均的なウクライナ料理が出てきた。場所によってはアルコールも用意されている。

食事を終え、施設内を見渡すと、壁にペナントやバッジがかかっているのが目に止まった。施設の職員に聞いてみるとこれは土産物で、チェルノブイリ原発が描かれたペナントは八〇グリブナ（約一〇〇〇円）、バッジが一個二五グリブナ（約三〇〇円）だという。私も含めたツアー参加者が買い求めていた。普通の観光地みたいだ、と軽い驚きを感じながらお金を支払った。

私が泊まった宿舎は以前、廃炉関連の作業員が使っていたという。そこにあったベッドは木製で、豹柄のベッドカバーが敷かれていた。横幅がビジネスホテルでよくあるシングルベッドの八割くらいのサイズで、固い毛布がセットになっていた。ほこりっぽい匂いがした。縦は二メートルほどあるのでいいとして、横幅は一七三センチの私でも寝返りをうつのがやっとの狭さなのに、彼の国の労働者は窮屈に感じなかったのだろうか。

チェルノブイリ原発へ入る前に提出が求められた書類の中には、放射線関係の職場で働いているか、それまでどれだけの放射線を浴びたかを記入する欄がある。観光で行くことができるほどオープンになってはいるが、本来はこの手の仕事関係者しか訪れることができない場所であると再認識させられた。

イワンさん

夜が明けた。サマショールが住むパルィシフ村を訪ね、イワンさん（七六歳）夫婦と話をする。イワンさんの身につけている黒の帽子と茶色の上着は、農作業のときも着ているらしく、裾などに泥汚れがついている。

イワンさんは慣れない避難生活で体調を崩し、帰還を決意したという。暮らしは年金が中心で、農業と豚、鶏を飼い自給自足に近い生活をする、飼っている豚はバーシュカと名付けている、そんな日常を話してくれた。

ツアーに参加していた福島出身の女性が、こんな質問をした。

「事故前に近所に住んでいた人たちと連絡を取っていますか?」

「近所に住んでいた人たちは年に一回、お墓参りで帰ってくる。そのときに話すか、普段は電話で話すくらいだ」

彼女が福島の、それも避難が続く地区の出身だと知ると「あなたはまだ若いのだから、大丈夫ですよ。いつか問題を解決し戻れる日がやってくる」と彼は穏やかな表情で語っていた。

イワンさんはこんな話もしていた。

福島でも同じだと思うが、ずっと暮らしていた土地を引き剝がされるのは辛いこと。私はいま、自分の土地に建てた家に住んでいるだけだ。

彼もまた「人は出会うことで人を知ることができる。これで良いではないか」と観光客を歓迎し、行ったこともない福島の地に住む住民への思いを語っていた。同じような「田舎」で土地とともに生活しているであろう、と想像を込めて。

私は、後にノーベル文学賞を受賞することになるスベトラーナ・アレクシエービッチによる聞き書きの記録『チェルノブイリの祈り　未来の物語』を思い出していた。この本に出てくるサマショールの女性、「住んでいるのは私とネコだけ」と語るジナイーダ・エフドキモブナ・コワレンカの声とイワンさんの声とが響き合うように思えた。

さびしくなると、ちょっと泣きます。
墓地に行くんですよ。あそこには母が眠っている。私の小さな娘っ子も……。戦時中チフスで死んだんです。亭主のフェージャもあそこ。みんなのそばにちょっと腰をおろして、ちょっとため息をつくんです。この世にいる人間とも、いない人間ともおしゃべりはできるよ。私にとっては同じこと。ひとりでいるとき、悲しいとき、とても悲しいときには、どちらの声も聞こえるんです。
（『チェルノブイリの祈り　未来の物語』松本妙子訳、岩波現代文庫）

原発内に入った。ここまでは私服でよかったが、初めて防護用に白い帽子、白衣、靴用の袋を着用するよう指示される。四号機まで続く数百メートルの「金の廊下」を歩く。金色に光っている廊下、一九七〇年代に描かれた「近未来」のイメージはこんな感じだったのだろう。

職員が仕事をしている部屋のドアが開いていて、通りすがりに、中を覗くことができた。彼らも白衣を身に着けていたが、どこにでもあるオフィスと同じように談笑しながらデスクワークをしていた。

ツアーで許可されたのは二号機の制御室見学だった。参加者の誰かも言っていたが、昔のSF映画のセットみたいだった。事故が起きた四号機の制御室と同じデザインとのことで、機器やモニターがずらりと並んでいた。薄いオリーブグ

リーンの電話もダイヤルを回すタイプで、全体的に旧式な印象はぬぐいきれない。

使わないボタンには白いテープが貼ってあり、おそらく赤いサインペンで書かれたであろう×マークが付いている。ところどころ、剝がれ落ちたテープが時間の経過を感じさせる。すでに可動していないため、職員の許可のもとボタンも触ることができた。

ここでも、記念撮影をすることができる。日本からの観光客が白衣姿で並ぶのは、考えてみればとても不思議な光景だ。

ツアーの終着点は、壁を隔てた先に四号機がある場所に作られたワレリー・ホデムチュクの墓碑だった。ホデムチュク

ワレリー・ホデムチュクの墓碑

は四号機で作業中に事故にあった作業員だ。逃げ遅れ、両手をあげる人の姿をかたどった彫刻の前には赤、白、青と色とりどりの花が飾られていた。遺体はまだ見つかっていないという。

ここで線量は上がり、一二マイクロシーベルト毎時と表示された。通路内にガイガーカウンターの警告音がピーッと鳴り響く。短時間で再び、原発の入口まで戻った。

作業員食堂では黒と茶色、胸元に白の毛が混ざった中型の犬が寝転んでいた。人がくることに慣れているようで、平然と壁にもたれている。誰かが持ってきてくれる自分の食事を待っているのだろうか。これも日常的な光景なのだろう。

ここでも意外と普通だな、と思った。前日に売られているペナントを見て軽い驚きを覚えたのも、悲劇のあった土地への勝手な思い込みにすぎない。

初歩的な知識すらなく、先入観だけを持って訪ねてきた観光客に、彼らは真摯に答え、そこにある現実だけを見せてくれた。「見ず知らずの日本人観光客にここまで見せる理由は何か」と私はゴンチャレンコさんに尋ねた。

チェルノブイリの事故がウクライナでも過去の話になってしまったからだ。自分の役割は情報を出すことだ。聞かれたことに答えることなんだ。

彼は例によって、淡々とした口調と退屈そうな表情で答えてくれた。本当は熱意があるのだろうが、こういうスタイルで仕事をすると決めているようだ。

それは、日本からきた何も知らない観光客が相手であっても変わらない。最初の動機が何であれ、どんな立場の人であっても、説明のスタイルを変える必要はないというのが彼の考えだ。こんなことも言っていた。

チェルノブイリの汚染状況は福島よりひどいかもしれない。しかし、住む人たちの感情はどこでも同じだろう。人間的な面は変わらないからだ。早く帰りたいとか、これからどうなるのか、とか。

思えば、彼は自分が事故の時どこにいたか、避難者だったか否かとか、原発の近くに住んでいたかどうかとか、そんなことを自ら語ることはなかった。ただ、チェルノブイリ原発事故とは何だったのかを問い、事実と自分はどう考えているのかを日本からやってきた観光客相手に語り、福島で起きた原発事故に想いを寄せていた。

そういえばチェルノブイリ博物館は、歴史博物館なのだった。博物館のスタッフも含めて彼らは、なぜ原発事故を語っているのだろう。

一つ言えるのは、彼らは風化に抗っているということだ。起きた出来事を過去のものにしないために、接点を持ってしまった誰かが語る。起きてしまったことを、興味を持ってしまった誰かに語ることで未来につなげようとする。

彼らが、なんらかの当事者であるとするなら、それは「歴史の当事者」なのかもしれない。ここに刻まれた歴史を生きている、歴史を背負っている。

彼らのように、どこで生まれたとか、どこで育ったといった話から離れ、同時代者として経験したことを引き受けながら、生きることはできるのかもしれない。そんなことを考えながら、チェルノブイリをあとにした。

福島第一原発の事故は、日本のみならず人類全体が記憶すべき世界的事件だ、というのが僕の基本的な認識です。それが意味するのは、事故は福島という一地方のものではないということです。

提言や施策は、それがいまこの数年の復興に役立つのか、被災者を元気にするのかという基準だけではなく、県外や国外や、さらに後世の人々まで考慮に入れた多層的な基準で図られねばなりません。

僕はその考えのもと、事故跡地を原爆ドームのように保存すべきだと、被災地をチェルノブイリのように観光客に開放するべきだと提言してきました。僕の提案は多くの批判を受けました。観光地化、という表現が挑発的すぎたかもしれません。

けれども僕は、世界的な事故が起き、その痕跡が数十年は消えない以上、もはや事故の世界性を逆手に取るしかないと考えたのです。

（中略）

福島という土地が、広島や長崎のような一種の「聖地」となり、人類の未来について考える象徴的な場所になる、それこそが本当の復興であり、そのためにはもっと多様な書き手による多様な議論が必要だと僕は思うのです。

（東浩紀「毎日新聞」二〇一五年九月七日付夕刊）

これは、帰国後に私が毎日新聞で企画した、東浩紀さんと社会学者の開沼博さんとの往復書簡「脱『福島論』」の中で、東さんが展開した議論だ。

掲載したとき、かなりの数の批判が集まったことを覚えている。曰く、勝手に福島とチェルノブイリを比較するな。原爆の悲劇と同列にはできないだろう。訪ねられる側の気持ちも考えてほしい——。

批判に接したとき、微妙な引っかかりがあった。何に引っかかるのかを考えてみたとき、私が東さんの文章に共感できたのは、自分がチェルノブイリで無知で偏見だらけの「観光客」になり、ウクライナの人々に事故の記憶を真摯に伝えられた経験をしたからだと気がついた。

もし、自分が逆の立場、つまり「観光客」を受け入れる側だったら、何ができるだろうか。遠くウクライナから、私のように細かい状況も知らなければ、偏見さえ持っている「観光客」が来たら、私は「歴史の当事者」として彼らに伝えることができるのだろうか。

外から注がれる視線とは無関係に、被災地ではただただ復興が進んでいく。津波の跡を感じられる場所はほとんどなくなり、盛土や防潮堤の工事で土地は姿を変えている。福島第一原発はどうだろう。ウクライナのように「歴史」に遺されたり、「歴史の当事者」によって語り継がれたりしていくのだろうか。

「歴史」と「当事者」という言葉を頭にめぐらせながら取材をしているうちに、福島第一原発の構内でこんな人物と知り合うことになる。

吉川彰浩さん（三六歳）は、元東京電力社員として福島第一、第二原発で働き、二〇一二年に退職した。その後、誰に頼まれるわけでもなく、地域住民や1F（福島第一原発の略称）を見たいという人たちとともに1F構内を「視察」したり、廃炉作業について考えたりする団体「AFW」を立ち上げた。

初めて出会ったときから吉川さんは、1Fはもっと開かれないといけないと熱心に語っていた。震災後から始まる歴史ではなく、震災前にどんな日常があったのか、彼の語りはそこから始まっていた。

吉川さんと出会った二〇一六年の福島第一原発に広がっていたのは、普通の工事現場のような光景だった。

2　災厄のモニュメント

二〇一六年一月一四日、私は福島第一原発にいた。新聞社を退職して、インターネットのニュースサイト「BuzzFeed Japan」に移籍して初めての取材だった。一月一九日のサイト立ち上げに合わせて、この日のルポルタージュが掲載されることはほぼ決まっていた。とはいえまだ自分たちのサイトが立ち上がる前、つまり海のものとも山のものともつかない「記者」に取材許可が下りたのは、こんな経緯があった。

開沼さんが中心となり、以前に取材した『いちえふ』の作者である竜田さん、そして吉川さんの協力によって「福島第一原発廃炉独立調査プロジェクト」という試みが始まっていた。彼らの言葉を借りて要約すると、三〇年、四〇年にわたり続くとされる廃炉作業について、１Ｆの情報を関係者だけのものにせず、社会に伝える必要があるとの問題意識から始まったもので、独立した民間によるプロジェクトである。

このプロジェクトの成果は『福島第一原発廃炉図鑑』（太田出版）として書籍化されている。私はこの取材チームへの同行という形で、取材許可を得ることができたのだった。

朝八時過ぎ、福島県広野町と楢葉町にまたがるJヴィレッジ。1Fから直線距離で約二〇キロに位置する。かつてサッカー日本代表の合宿で使われた名物施設は、原発事故後、廃炉作業の拠点に変わっていた。

中に入ると、歴代日本代表の写真も大きく掲げられていたが、それ以上に目立っていたのは作業員を激励する寄せ書きだ。「日本のために頑張ってください」「絆」「心」、そして千羽鶴。全国の小・中学生から送られたものが多く飾られている。

入口にグレーやカーキの作業服を着た男たちが集まっていた。東電社員が着る制服は紺地に青が混ざったもので、服の色だけで彼らは東電から廃炉作業を請け負った「協力企業」の作業員であることが一目でわかる。

彼らは1Fへ向かうバスを待っていた。作業員七〇〇〇人が通う現場である。早朝には出勤ラッシュもあるが、この時間帯は少しばかりラッシュを外れているという。見渡すと、スポーツ紙に目を通す五〇代前後の作業員、スマホを眺める若い作業員。談笑するさまざまな方言に混じって、福島訛りも聞こえてくる。

なかなか興味深かったのは、Jヴィレッジ入口に掲げられた作業員へのアンケート結果だ。東電によるアンケートで、そこには彼らの本音がよく映し出されているように感じられた。例えば、労働環境に対する不満である。駐車場が少ない、着替えの場所が狭い、バスが混雑している、食事をとる場所がない、ほかと賃金が変わらない……。世間でよく聞くのと同じような職場への不満が並んでいた。

アンケートを見ると、「働くことへの不安がある」と回答したのは三七・三％。そのうちの六三・三％は被曝による健康影響をあげていた。普通の不満と原発特有の不安が交錯する。そんな現実が見て取れる数字だ。

１Ｆに向かうには、東電社員に写真入りの身分証明書を見せて、一時立ち入りの許可証を受け取る必要がある。カード型の首紐付で、ここから先は常に首から下げているように注意を受けた。

身分証を忘れて許可証が受け取れなかった人は、東電社員とどれだけ面識があっても立ち入り不可だと聞かされていた。海外旅行にパスポートを忘れたのと同じ扱いを受けるのだと。

所持品は厳しく制限される。この時、取材で許可されたのは、撮影機材があるカメラマン以外は、透明なビニール袋に入った資料、ノートとペン、ＩＣレコーダーだけ。スマホ、財布も持ち込みは厳禁で、Ｊヴィレッジで保管される。これらの指示を出すのは東電本社、復興本社の広報担当者だ。ここから先、彼らは常にチームに同行する。

準備が整い、私を入れて八人の取材チームは１Ｆへ向かうバスに乗り込んだ。作業員が待つバスとは別に用意された、なんの変哲もないマイクロバスだ。

Ｊヴィレッジから１Ｆまでの道はわかりやすい。国道六号線を北上し、楢葉町、富岡町を通過し、大熊町の交差点で海側に右折する。二〇一四年九月に通行規制が解除され、六号線を車で走るだけなら特別な許可は必要ないので、誰でも通ることができる。

作業員を乗せたバス、トラック、一般車両……。福島県沿岸部の主要道路だけに、いろんな車が行き来している。1Fの方角へ北上する車も、いわき市方面に南下する車もひっきりなしに走っている。

原発二〇キロ圏内の楢葉町中心部に入る。楢葉町は住民の帰還がはじまったばかりだった。六号沿いには居酒屋の看板もかかり、少しずつ変化も見えてきた。この居酒屋に私は取材チームと立ち寄った。店内は多くの作業服姿で賑わい、

ビールや焼酎を片手に他愛のない話をする姿も見られた。

バスはさらに北上し、原発から約一〇キロの富岡町に入る。事故前は、休日になると、町の中心部にある東京電力の施設、エネルギー館で子供を遊ばせ、昼食を近くの飲食店で済ませる。春には桜の名所、夜ノ森の桜並木で毎年、お花見をする。これが周辺住民の定番コースだったという。このとき、まだ人の姿はなく、窓ガラスが割れたままのゲームセンター、コンビニの跡といった「二〇一一年」を想起させる光景が広がっていた。

１Ｆが立地する大熊町に入る。直進が終わり、バスは交差点を右へ海側に進む。すぐに大型クレーンが立ち並ぶ１Ｆの姿が窓から見えてきた。Ｊヴィレッジからここまでは、四〇分弱。検問でバスが止められ、運転手が職員から訪問理由の確認を受ける。検問を通り抜けて見える１Ｆの入口、「入退域管理施設」の外壁には鹿島、東芝、関電工、三菱重工といった廃炉作業に関わる四〇社を超える企業名が掲げられている。

ここまでの道のりに事故後の放射線量低下を示す事実がある。服装だ。私はここまで普段着のダウンジャケット、ニット、デニムでくることができた。これでも問題ないということだ。

構内に入るためには、金属探知機検査や手荷物チェックが必要になる。視察の場合、手荷物はＪヴィレッジで渡された半透明のビニール袋に入れているものだけなので、スムーズに終わる。

１Ｆ構内では、企業名が書かれた作業服を着ている作業員と数多くすれ違う。視察用の通路はなく、作業員と同じ道を行き交うからだ。驚くのは、作業員たちがすれ違うたびに「お疲れさまです」と挨拶を交わすことだ。若い作業員は高校球児のように元気いっぱいに、年配の作業員は穏やかに。「おつかれーっす」とややくだけた感じの声もある。

通路にはところどころ、花も飾られていた。事前に抱いていた「緊張感を強いられる殺気立った現場」というイメージは、入口時点で覆される。すれ違うのは作業員ばかりではない。東電は原発事故以降、一万六〇〇〇人（取材時点の数）の視察を受け入れており、その中には、大学生や地元の住民も含まれている。これ

も作業現場の除染が進んで放射線量が事故直後に比べて大幅に下がったためで、受け入れ人数は年度を追うごとに増加している。

一三時三五分、構内の取材に入った。入口付近にある入退域管理棟から構内専用のマイクロバスに乗り換え、免震重要棟に移動する。バスに乗り込む前に、初めて普段着に加えて綿の手袋（通称・めんて）と普通の立体型マスク、ビニール製の靴カバーをつけるよう指示があった。

作業員の間には細かいルールがある。靴カバーを脱ぎ履きする場所や「履き方・脱ぎ方の手順」まで決まっている。片方の足から外し、カバーを捨て、その足をおき、もう片方の足のカバーを外し、捨てる。

ルールは厳格に守るように求められ、足をつく場所や手順を間違えると、同行する東電社員から「ルールを守ってください」と厳しい口調で注意が飛ぶ。手袋やマスクも同様に、作業員と同じルールの遵守が求められる。

バスが進み始め、まず目につくのは汚染水タンク群だ。見慣れた工事現場の安全標語もあちこちにある。たまに「ＫＹ」という単語も見かける。ここでは「危険予知」の略語だ。バスから降りないコースであれば、この綿の手袋、マスク、靴カバーだけで視察することもある。取材で事故現場に近づくため免震重要棟に到着後、より重装備に着替えるよう求められた。

着替え部屋に設置された椅子の上には、透明なビニール袋が置かれていた。「バズフィードＪ　イシド」と白いガムテープに黒字で書かれているものが二つ。ガムテープは、剝がしやすいように先端が丸めてある。

中には、綿の手袋、靴下二足、ゴム手袋二組、下着上（Ｔシャツ、胸に二箇所のポケット。ここにそれぞれ通行証と警報器付きのポケット線量計ＡＰＤをいれる）下（ゆったりしたタイツ）、頭カバー、防護服（左右の胸部分がビニールで透明になっている）。そして半面マスクが一セットだ。サイズもバリエーションがある。視察箇所によっては、半面マスクよりも厳重な全面マスクの着用が義務付けられている場所もある。

ここから先、普段着での立ち入りは許可されていない。セーターとデニムを脱ぎ、下着を身につけ、靴下一足分を履き、上から防護服を着る。胸と背中には、ビニール袋に貼ってあった、会社名や名前が入ったガムテープを転用して貼る。綿手袋をつけ、その上からゴム手袋、ガムテープを巻きつけて目張り、さらにその上からもう一枚ゴム手袋を重ねる。なるべく密着させて、放射性物質の侵入を防ぐよう指示を受ける。足も同様に、靴下を一足履いて、さらにもう一足は目張り用として防護服の上に履く。

次はマスクだ。息漏れはもっとも注意されるポイントである。放射性物質が付着した埃などを吸い込まないようにするためだ。チェックはメガネが曇るかどうかが一つの判断基準になる。曇らなければ合格だが、締めつけをきつくしすぎると、呼吸も制限され、頭が痛くなってくる。今回は半面マスクだが、全面マスクはもっときつい。

二重の靴下、三重の手袋では普段と同じ感覚で歩くことも、手を動かすことも難しい。半面マスクでも息が苦しいのに、作業員によっては全面マスクで高線量区域に向かい、細かな作業を要求される。

現場で履き回す黒のブーツ型靴に靴カバーをつけて、やっと事故現場に近づくことができる装備が整った。入口で作業員たちから「ご安全に！」と大きな声をかけて送り出される。

再び構内専用のバスに乗り込み、一号機から四号機まで海側から順番に視察する。この間、バスは時速だいたい二〇キロから三〇キロといったところだろうか、場所によっては徐行程度まで速度を落としてゆっくりと走る。

地震と津波でひしゃげたままの設備や、壊れた鉄骨がむき出しになっている三号機の姿が確認できる。事故から五年たったいまも、破壊のすさまじさとその後の廃炉作業の難しさを静かに伝えている。二号機と三号機の間をバスで通った。高線量ポイントなので、バスは止まらない。

取材チームで動画と写真撮影を担当する三人は、事前に要望を出し、許可が出た複数の地点でバスから降り、撮影に臨んだ。靴カバーはその都度、履き替える。東電社員も一緒に降りて、靴カバーの履き替えを手伝う。慣れていないと一人では靴カバーを脱ぎ履きするだけでも難しいからだ。半面マスクで声は遮断され、コミュニケーションはその分とりにくい。戸惑っている様子が、バスの中からもうかがえる。

建屋西側の高台から一～四号機を見る。この場所だけ、撮影チームと一緒に降車することを許された。

この時巡った視察ポイントに限れば、建屋近くでもおおむね三〇～五〇マイクロシーベルト毎時だったが、さすがに高台の線量は高く、二二〇マイクロシーベルト毎時まで上がった。同行の東電社員は「当初に比べれば、これでも片付いたほうです」と三号機を見ながら呟く。「ここは線量が高いので、もう引き上げましょう」。

数分でバスに戻るよう促された。

高線量の現場でも、防護服姿の人々が廃炉作業のために行き来していた。廃炉作業は一部ロボットに頼る部分もあるが、大半は人が手がけている。私も知らなかったし、世の中の多くの人は彼らがどのように働いているのかを知らないだろう。

バスに乗り込み、再び免震重要棟に。ルールに従って、ゴム手袋、カバー、防護服などを順番に脱いでいく。身体の表面に放射性物質が付着していないか、汚染状況を調べる身体調査を受ける。異常がなければ、施設に入ることを許可される。

最後に、作業員から今回の被曝量を告げられる。一六時四〇分までの約三時間で、二〇マイクロシーベルトだった。

その後、廃炉図鑑制作チームによる東電幹部へのインタビューに同席することができた。東電福島復興本社代表（当時）を務める石崎芳行さんの発言の中で印象的だったのが、情報発信の拠点作りに言及した部分だ。

「廃炉が完了し、更地にしただけでは責任を果たしたことにならない。情報発信基地を作り、そこに行けば１Ｆのすべてがわかる。そんな場所を作りたい。日本では広島や長崎の原爆被害があった。被害は不幸だが、世界平和を願う人々にとって広島、長崎は、それを見ないと平和を語ることができない場所になっている。良い悪い、好き嫌いは別にして世界には原発が残っている。福島第一は将来的に、世界中の原子力関係者が見にきて、事故について考え、また各国に戻る。そういうシンボリックな場所になる必要がある」

石崎さんは一貫して「原発は必要」だと訴えている。その一方で、地元住民との集まりで「東京電力は絶対安全だと嘘をついてきた」という発言でも注目を集めた人物である。

表に出るときはシャツにネクタイの上から、ジャケットではなく東電の青い作業服を必ず着用する。その後、何度か顔を合わせることがあったが、そのたびに企業人として巨大組織を背負っている顔と、福島を語る瞬間、瞬間にはタテマエだけでは割り切れないような表情、その両方を見せていた。

そんな彼の口から「広島」「長崎」「原爆」「福島第一をシンボリックな場所に」といっ

た言葉が出てくる。東電にも、こんな状況にあって歴史を意識した言葉を使って語る人がいる、という純粋な驚きがあった。

東さんの「往復書簡」やチェルノブイリを思い出しながら、私は「その施設ができたときに、何を一番伝えたいのでしょうか」と聞いた。

彼は冷静な表情を崩さないまま「事故を起こした最大の原因、つまりリスクに対する想像力が欠けていたことを伝えたい」と答えた。

原発事故の現場から戻る道中、私は福島をめぐる語り方について、考えていた。

歴史どころか、メディアで語られる福島の話題は、あまりにもローカル化しているのが現実である。原発の現状を伝える記事――問題の多い記事がそれなりの数あったにせよ――は震災五年を機に山ほど出された。でも、伝わらない。記事に反応しているのは、特定の人たちだけになっていく。

なぜだろう。なにかと強調される健康不安の話、農業・漁業の苦労、復興の現場……。大きな事故の中で、人々はときに記号として扱われ、それぞれが考えているはずの声はどこかに消えてなかったことになっていく。住民、原発作業員、農家、東電社員――メディア上でわかりやすい記号としてまとめられる中で、「個人」の声は小さくなっていく。記号として伝えるだけがメディアの役割ではないはずなのに。

3　原発と個人の歴史

二〇一一年以降の歴史を生きるとはどういうことなのか。歴史の当事者として、語るとは何か。

私は個人の声を拾おうと思った。「ＡＦＷ」を立ち上げた吉川彰浩さんとの会話は、最初は原発そのものの話や、事故前の１Ｆの様子が中心だったのだが、会って話を聞いているうちに、やがて彼の半生そのものに興味が移っていた。「元東電社員」という記号ではなく、個人の言葉で語る。彼の歴史を彼自身の言葉でたどることで、電力会社が地域に果たしていた役割、原発事故で変わった生活、変わらなかった地域と原発の関係が見えてくるように思えたからだ。

吉川彰浩さん

私が東京電力に就職したのは、特に思いあってのことではありませんでした。実家はいまの茨城県常総市――当時は水海道市と言っていました――にありました。母子家庭で、生まれたときから家に父親はおらず、母親が一人で育ててくれました。

私の家は、決して裕福ではありませんでした。

地元高校への進学を希望したのですが、母親はそこまでお金はかけられないと思ったのでしょう。当時、東京の日野市にあった「東電学園」のパンフレットを持ってきて、最初は、あくまでさりげなく「こういう高校もあるよ」と言ってきたのです。

東電学園というのは、いまは閉校してしまいましたが、当時、東電が運営していた、社員養成の学校といえばわかりやすいと思います。高校卒業の資格も取れるのです。私には、考古学者になりたいという夢がありました。遺跡を掘って、古代に何があったか探求していくってかっこいいじゃないですか。そんな姿に憧れていました。だから、普通の高校に行って、大学に進学して、考古学を勉強しようって思っていたのです。

妥協して入学を決めた学園生活ですが、実際に行ってみると、とても楽しかったです。電気の勉強も頑張りました。自分で言うのもどうかと思いますが、成績は悪くなかったんです。理数系の勉強が好きだったこともあって、電気の勉強を楽しめたと思います。

三年間の学園生活のうち、二年間が終わると、三年次にはそれぞれの専門分野に分かれていきます。水力、送電、配電、営業、火力・原子力、それぞれのコースに分かれて勉強するのです。私が生まれた茨城県には、東電の火力発電所がありました。漠然とだけど、将来は茨城に戻って火力発電所で働いて、母親を楽にしてやるかくらいに思って、火力・原子力専攻を選んだのです。

転機は一八歳のときです。職場見学で福島第一原発に行きました。これがすごかった。どうせ火力に行くしな、と思って、軽い気持ちで見に行ったのですが、施設がとても大きくて……。タービン建屋の中で、一〇メートル以上ある大きなタービンがウォンウォンと音をあげながら、回転している。中央制御室に行ったら、そこにいた一〇人ちょっとで巨大なタービンも含めた、原子炉をすべてコントロールしている。そこで説明を受けるのです。ここで作られた電気が、東京の電力を支えているんだよって。

あぁ東京のマンションの明かりも、自分が使っている電気も、あのタービンから生まれるのか、ここが東京を支えてるのかぁって思いました。この話を聞いて、急に何か誇らしくなって、原発がとてもかっこいいものに見えました。私たちが社会を支えている、私だって支えることができるんだって思ったのです。

私は進路希望を変えました。もちろん、１Ｆで働くためです。

ここで働くために、まず、最初にしたのは親の説得です。茨城には戻らない。福島で、原発で働くと告げました。親は最初こそ驚いていました。「お前は帰らないのか」「なんのために（東電学園に）行ったのか」と。このときばかりは、折れませんでした。妥協ではなく、限られた選択肢の中でやっと見つけた、自分が働きたい職場ですからね。「だから帰らない」って私は言い張りました。母は、最後は私が選んだことだからと言って納得してくれました。

一九九九年のことです。進路希望も無事叶ったので、学園を卒業して、私は一人、福島に向かいました。布団は宅急便で送っていましたから、持っていった荷物はボストンバッグ一個で、上野駅から特急に乗り込んで常磐線を北上するのです。当時、東電の独身寮が双葉町にありましたから、そこまでは電車で移動するんですね。

上野駅からいわき駅までは特急で、いわき駅からは常磐線の普通の電車に乗り換えます。乗り換えた電車に乗ると、最初は街中を走るのですが、途中、四ツ倉駅から久ノ浜駅に向かう電車の中からさぁーっと広がる海が見えました。このとき、確かもう夜になっていたので、それは暗い海だったと思います。私は内陸育ちなので、海ってそんなに見たことがないんです。

だからなのでしょうか。海を見たときに、ふと現実にかえってしまって、急に不安になりました。どうしても１Ｆで働きたくて、勢いで決めてしまったけど、それまで東京で暮らしていたのに、これはとんでもないところにきてしまったなぁ、原発ってこんな海沿いに建っているんだぁ、とあらためて思ったのです。

　一九九九年の双葉町は、夜は九時を回るとあたりはもう真っ暗になっていました。私が双葉駅に着いたのは夜だったので、本当は歩いていけるはずの寮の場所がどうしてもわからなくて、駅前にちょうど停まっていたタクシーに乗ったんです。

「独身寮に行きたい」と言うと、「あぁ、あそこか」という感じで、すぐに車を走らせてくれました。いま思えば、東電の新入社員が道に迷うのは、この時期の風物詩なんですよね。タクシーの運転手さんも手馴れたものでした。

　寮では、お世話をしてくれるご夫婦が待っていてくれました。挨拶をして、部屋に案内されました。部屋は六畳一間で、吊り下げの電球があって、引き戸をひいて部屋に入ると、ドラクエとかゲームに出てくるような鍵を「はい」と渡されます。これで、その日は終わりです。

　がらんとして、何もない部屋に入るととても心細くなりました。新生活を始めるわけですからね。振り返ると、心細くて当たり前なんですよね。知り合いが一人もいないところに、単身で乗り込んだわけですから。とはいえ、次の日から寂しさとか心細さを感じている暇はさすがにありませんでした。四月一日は入社式です。私は、いよいよ東電の新人社員として、１Ｆで働くことになったのです。

ーＦでまず驚いたのは、飛び交う専門用語でした。「ＰＣＶ」「ＲＰＶ」なんて言葉を、みんなが普通に使っていました。ＰＣＶっていうのは原子炉格納容器、ＲＰＶは原子炉圧力容器です。原発で働くには覚えなきゃいけない言葉がたくさんあるということを、このとき初めて知ったのです。

原発には、私たちみたいな高卒の新人も、大卒も、大学院卒もみんな覚えないといけない共通の言語体系があります。理由はとても単純で、覚えていないと事故が起きたときに素早く動けないからです。言葉を覚えることは大事なのですが、それより大事なのは、それぞれの名前のついた機器がどういった安全の機能を持ち、複雑に絡みあっているのかを知ることにあります。

安全のために言葉の意味を理解することが必要だ、という認識が求められるのです。そして何かあったとき、現場にすぐに駆けつけるため、広い原発の敷地内のことは、全部頭に入っていないといけません。

そうしないと、いつまでも地図を片手にちんたら現場に向かうことになります。それで、手遅れになったら誰が責任を取るのか。こうした意識も叩き込まれました。

新人も三交代勤務です。指導係の先輩がついて、昼間は現場の仕事を覚えます。私たちの仕事は原発の保守管理、運転管理のプロを目指します。ピンポイントの点検については「協力企業」の方がプロなので彼らに任せますが、どういった点検計画を立てるか、全体の設備をどう運営するのかといったことについては、私たちが責任を持たないといけないのです。

夜はさっきお話した専門用語の勉強です。班を作って一問一点で一〇〇問、一〇〇点を全員が取るまで終わらない。そんなこともありました。これがなかなか覚えられません。数百に及ぶ専門用語、用語の意味するところ、実際の動きや操作、山ほど覚えることがあります。一〇〇点以外は許されないことで、仕事の厳しさも教えられました。

新入社員は必ず寮に入るので、生活すべてを共有する中で自然と仲間意識が芽生えてくるのです。仕事に慣れるまでは三年間くらい必要でしょうか。言われたことができるようになるまでが三年で、さらに一人前になるには一〇年ほどかかります。

ちょうど私が仕事に慣れ始めてきた頃です。二〇〇二年、東電でトラブル隠しが発覚します。内部告発がきっかけで、発覚しました。自主点検の資料が改ざんされ、トラブル自体が隠されてしまった。現場で不正があったのは間違いなかったのに、東電上層部がなかなか認めなかったという事件です。そのときのＩＦの雰囲気を考えれば、いかにもありそうなことです。社員の中には、点検業者を「下請け」と呼んでバカにするような態度で接する人もいました。それだけはどうしても嫌でした。

私には、先天性の口唇裂と口蓋裂という生まれながらの障害があります。このせいで、小さいときはうまく話すことができなくて、いじめにもあいました。人がどうにもできないところで、評価を決めていくような言動は苦手なんです。トラブル隠し発覚を受けて、社内では職場改善運動が始まり、私も参加しました。下請けという言葉がなくなり、「協力企業」という言葉が徹底されたのは、それがきっかけです。

誰かが不満を持つ、誰かが緊張感を欠いたまま仕事をする職場では、事故につながりかねません。私たちは原子力を社会から預かる立場であり、安全に運転して、お金をもらう立場です。いまなら東電は口だけと思われるかもしれませんが、少なくとも私も同僚たちも、それを目標に仕事をしていたのです。

職場の話だけでなく、少し、日常の話もしておきましょうか。いま思えばですけど、このとき原発と地域はまさに共存していたと思います。私は実家を離れてきたので、この町にきたときは知り合いもまったくいませんでした。それでも、地元の友達が一人できると、その親は東電の協力企業勤務だったりするわけです。子供は東電社員、親は協力企業といった組み合わせは珍しくはありませんでした。

同じ職場で働いているから、仲間意識も芽生えます。遊びに行くと、よくしてもらえるんですよね。みんなでゲームをして、車は何を買うなんて話をしていました。やっぱり車は憧れでした。機械いじりが好きだからというのもありますが、双葉郡で暮らすなら車がないとどこにも行けないし、どうせ乗るならかっこいいものがほしくなってくるわけです。

知り合いが一人できると狭いところですから、どんどんと知り合いが増えます。東電独身寮の社員は、地元の運動会にも呼ばれるんですよね。小中学校のではなく、双葉町全体で開かれる運動会です。私は高校のときに陸上をやっていたので、運動会では勝手にリレーメンバーにエントリーされていました。私はオッケーなんて言ってないのに。でも気分は悪くないんです。

そこで早く走ると、少し目立つ。「おっ、あの若者は運動ができるじゃないか」。そう思ってもらえると、次の運動会もメンバーとしてカウントされているんです。これが嬉しくてね……。

私を地域の仲間として認めてくれているんだ、と思っていました。ある日、メンバーが足りないからと「ママさんバレー」の練習にも呼ばれるようになりました。女性しかメンバーになってはいけないのに、「いいのよ。人が足りないんだから」と言って、仕事が終わってから地元の体育館に呼ばれるわけです。私はバレーボール経験がないので、ちょうどいいのかもしれませんが。

ここまでいくと、今度はプライベートがなくなります。コンビニに行っても知り合い、スーパーにいっても知り合い、どこにいっても知り合いに会う。

協力企業の人とも仕事を通じて仲良くなっていく。仕事を通じて、地域にも貢献できているって思いがありました。

そうそう、ＩＦでもお祭りがあって、社員の家族や地元の人でずいぶんと賑わっていました。これも楽しかったですね。私もですが、バルーンアートができる社員が多くいるんですよ。地域の子供たちとふれあえた経験は、本当に楽しいものとして残っています。

こんな感じで、五年もたてば仕事だけでなく町にも慣れてきました。

常連になった居酒屋に行くと、誰か知り合いがいて、飲みに行くのも楽しい。結婚した妻も地元の居酒屋で働いていたんです。結婚したのは、働き始めてちょうど一〇年がたった二八歳のときです。

妻の実家は浪江町の山の方で、いまは帰還困難区域です（二〇一六年の取材当時）。原発事故で避難しないといけない、当面住むことができない区域で、許可がないと立ち入ることもできないエリアになってしまいました。私たちは当時、浪江町の小さなアパートに住んでいて、そこからＩＦに通っていました。ちょうど、勤務先が２Ｆ（福島第二原発）に変わる頃だったので、次はどこに家を借りようか、なんて話し合っていました。

妻の実家や親戚もいい人ばかりで、結婚生活は本当にいいもんだなぁと思いました。家族がいる生活、家庭があるという生活は親元を離れてからしていないですからね。

―Fから異動したときの2F所長が、いまの福島復興本社代表の石崎芳行さんです。2Fもいい職場で、職場改善も進んでいました。仕事もうまくいく、家庭もうまくいく。結婚してから二〇一一年までは私の人生の中で、両方が重なって一番うまくいった時期だったと思います。

振り返れば、ボストンバッグ一つを抱えた一八歳の右も左もわからない私を双葉郡という場所は本当に温かく迎えてくれましたし、支えてくれました。人生で一番楽しかった、充実した思い出が詰まっています。私はずっと、この町で暮らしていくんだと思っていました。

そして、二〇一一年三月一一日を迎えるのです。

三月一一日以降のことを話すのに、一つ断っておかないといけないことがあります。私には記憶が飛んでいて、よく思い出せない時期があるんです。そこはご容赦ください。あの日、私はプラントメーカーの方と2Fにあるオフィスで打ち合わせをしていました。商談は一段落して、自分の机でお茶を出し、お話をしていました。

午後二時四六分です。立っていられないほどの揺れを感じました。ぐらぐらぐらぁっと揺れました。まるで洗濯機の中にいるようだと思いました。机の下にプラントメーカーの人を入れようとしましたが、彼は遠慮してなかなか入らない。「いいから、入って」と背中を摑んで、下に入れ込みました。

私はまず部屋にある原発の出力表示を確認しました。２Ｆには四つの原子炉があるのですが、大きな地震が起きると自動停止をするようになっているのです。ぱっと見ると、自動停止をしたことがわかりました。まずは一安心です。新潟中越沖地震（二〇〇七年）のあと、現場での地震対策は進めていました。だから、私は地震なら問題ないと思っていました。

常日頃から、妻には「震度五以上の地震がきたら帰れないよ」と伝えてありました。徹夜で復旧作業に入ることもあるからです。「さて、今日は長い夜になりそうだ」と地震で散らかった書類を片付けました。まずやるべきことは安全確認だなと思い、ひとまず緊急時の集合場所になっていた高台のグラウンドに向かったのです。

そこに、「津波警報が出た」という一報が飛び込んできました。

私が双葉郡で暮らすようになってからでも、宮城県沖地震は何度かありました。そのたびに津波警報が出ます。実際には潮位変化が見られない程度のものが続いてました。そういった経験があり最初は、「あぁ津波もくるのかぁ、海沿いに建っているし、これだけの地震ならあってもおかしくないなぁ」と考えていました。

私もそうですし、現場レベルでは海側設備を飲み込む大きな津波がくることを、まったく考えていませんでした。私たちの想定していたリスクをまったく超えた津波がやってきた。津波については意識になかったし自分の判断はまったく間違っていたんです。

ごぉー、と大きな音が聞こえました。高台は林に囲まれ発電所本体は見えません。地震で土砂崩れでも起きたかと思って、山の方を振り返りました。何も起きていません。

その音が津波の音だったのです。想像を超えたことが起きると現実なのかなんなのか、わからなくなるんですね。

グラウンドから戻り、水浸しになった構内を歩きました。本当にどうなるか、わからない。もうまったく先が見通せません。現場は復旧作業に入りましたが、少し記憶は飛んでいます。その夜だったと思います。当時の所長だった増田尚宏さんがみんなを集めて、危険な状態であることを説明していました。

いつの段階か詳しくは覚えていませんが、増田さんから「町の状況は知っています。ですが皆さんに残っていただきたい。人数が必要です」という話がありました。協力企業の方も含めて、です。

高台から何もなくなった町の様子は見えました。それを見て突っ伏して何も動けなくなった同僚、泣き崩れた同僚がいました。彼らの家があった場所だからです。どうしても家を見に行くと言った人もいました。気絶したように倒れた人もいました。突然、大きな声を出して泣く人もいました。みんな、地元の人です。

職場は先が見えない大事故のリスクを抱え、家族がいるはずの場所、家があったはずの場所はなくなった。「原発事故の訓練はしていたのか」とよく聞かれるのですが、事故が起きたあとの作業員のメンタルまで想定した訓練はしていませんでした。

事故だけでなく、家族を失っているかもしれない、家族の安否がわからない。そんな中で、まともに仕事ができるという人はどれだけいるのでしょう。事故の現場を完全に想定した訓練はできない。いまでもそう思います。

いまでこそ知られていますが、２Ｆもあと一歩でＩＦと同じような事故を起こす可能性がありました。炉心を冷やす機能を持った設備がある建屋が、津波に浸かっていました。津波はがれきと一緒に流れてきますから、水圧だけではなくがれきによる物理的な力がかかって、中の機器が水に浸かったんです。

冷やせなくなれば、事故まであと一歩です。たまたま使える外部電源があり、冷温停止まで持っていくことができましたが、本当に危なかったのです。ＩＦで事故が起きたことはラジオやテレビからも伝わってきましたし、線量も高くなっていたことでわかりました。ＩＦから２Ｆに異動して三年弱でしたから、ＩＦの仲間の顔も浮かんできました。

ＩＦから２Ｆまでは直線距離で、約一二キロ離れていますが、海側からはＩＦが見えました。私もこの目で水素爆発を見た一人です。三号機（三月一四日に水素爆発）です。そのとき、私たちは海側の設備にあった、がれきを撤去しようと、みんなで海のほうに向かいました。とにかく人手をかけて、がれきをどかす必要がありました。

１Ｆで何か起きたらすぐに連絡すると伝えられていました。その日は、天気が良くて晴れていました。だから、１Ｆは余計に気になります。「一緒に働いていたみんなは大丈夫かな」「あっちは大丈夫かな」と話をしていました。それに加えて、爆発があったらどうしようという恐怖があったのも事実です。

そのときです。乾いた破裂音が聞こえました。それは運動会の朝に打ち上がる花火のような音でした。反射的に１Ｆを見ると、目視で煙が確認できました。誰かが「爆発だ、急いで建物の中に逃げろ」と叫びました。私たちは走って退避したのです。その日の夜、２Ｆの医務室に１Ｆからけが人を搬送するという話も伝わってきました。ぞっとしました。命がけの仕事だ、と頭では理解していましたが、この事実を聞いて本当に命を懸けた現場なのだとあらためて思わされたのです。

２Ｆは三月一一日から四日間で、一号機から四号機まですべて事故なく冷温停止状態に持っていくことができました。そうすると２Ｆに、１Ｆの作業員の方も出入りするようになりました。汚染レベルの低い２Ｆが、１Ｆで復旧作業に取り組む社員・作業員の方の拠点になりました。

１Ｆの社員・作業員の方々は放射性物質で汚染されていて、その汚染レベルもとても高いものでした。汚染については厳重に管理されていますから、普段の作業の被曝量はたいしたことはありません。だからこそ事故が起きてから、跳ね上がる数値に驚くのです。これが原発事故なのかと思いました。

私たちには、彼らと接触を避けるよう指示がありました。彼らは体育館で半ば隔離された状態で、寝泊まりをしてました。話しかけることもできなかったのです。事務所の窓ガラス越しに、作業を終えて作業服姿で帰ってくる彼らの姿が見えます。私たちは事務所で寝泊まりしているけど、彼らは事務所よりも寒い体育館で寝泊まりをしています。

事故の発生初期段階は、毛布や物資も満足にありませんでした。過酷な仕事をしながら、さらに寝ることも満足にできないような環境になっている。本当に申し訳ないと思いました。日に日にげっそりして、下を向いて歩く同僚の姿が何人も列になっているのを目の当たりにするのです。それも、まったくの他人ではなく、何年か前まで一緒の職場で働いていた人ばかりです。声もかけられないんですよね。

私たちが近づいて、声をかけて余計な被曝をしてはいけないんです。2Fも危険な状況は続いていたためです。より被害を増やさないためとはいえ、辛いものでした。声をかけるのもダメ、近づくのものダメ、助けるのもダメ。そんな中、彼らは何かを訴えかけるような目をしていた。何かを語ろうとしていたのかな、といまでも考えることがあります。

家族とは、たしか三月一二日の朝にはメールで連絡が取れていたと思います。浪江町は立ち入りできなくなりましたから、妻は避難所、避難先を転々としました。私は職場の復旧作業が始まり、現場で寝泊まりが続きます。妻と一緒に暮らせるようになったのは二〇一一年の一〇月からです。会えなくて寂しいという思いよりも、早く現場を安定させて、家に戻れるような生活にしないと、という思いが先にありました。

私は、原発のリスクを正確に捉えることができていたのか。あれだけ勉強した原発が、事故を防げなかった。お世話になった地域の方々の人生を狂わせてしまったという事実。自分たちが想定していたことをはるかに超える現実を目の当たりにして、考える時間が増えていきました。

原発のリスクというのは、健康への影響だけではありません。問題を健康に限定してしまうのは、事故の本当の被害を見えにくくしていると思います。本当の被害というのは、生活そのもの。当たり前の暮らしです。

二〇一一年の夏ごろでした。社員や協力企業の方からこんな話を聞く機会が増えました。

「東電社員だからって理由で彼女と別れることになりました」

「放射能がうつるって。子供ができたときに不安だからって」

「結婚はやめようと言われました」

「親父が原発で働いていると、娘が結婚もできない」と言って、去っていく協力企業の方もいました。みんな、「ごめんなさい」と言って去っていくのです。何も謝ってやめていかなくてもいいよ、と思っていましたが、それを口にすることはできません。震災そのものによって多くの人も命も失われました。大事な人を亡くした方が、事故の復旧にあたる。誰が、どんな当事者なのか。本当にわからなくなります。

これも、あの年の夏のある日です。2Fで一緒に作業をしていた協力企業の監督さんと、タバコを吸って作業工程の打ち合わせをしていました。適当な話もしながら、にこやかに打ち合わせをしていたんです。

そこに作業員の方が駆け込んできました。何を言うかと思ったら、作業を中止してほしいと言うんですね。そんなことを言われても、と思いましたが、こう続けるのです。

「やっと奥さんが見つかったんですよ。いままで黙っていたけど、奥さんは津波に流されたんです。やっと見つかったんだから、今日はもういいでしょ」

見つかったのは、監督さんの奥さんでした。私は彼の方を向きました。

「吉川さん、気にしないでいい。いまやることをやろう。作業が先だ」

有無を言わせぬ迫力がありました。私が何を言っても、監督さんはやると決めていた。

身近なところに目を向けると、双葉町に住んでいた義理のおじいちゃんは避難生活が続く中、亡くなりました。現在（二〇一六年）、帰還困難区域の双葉町のお墓に入れることはできません。親族はやりきれない思いを抱えて、涙にくれました。避難所を転々としている人は、当然ですが、知り合いばかりです。

妻と知り合うきっかけになった、居酒屋の女将さん、運動会で一緒に走った人、誘ってくれた人、一緒に働いた人……。みんな、散り散りになって、地元がなくなっていく。そして、現場はバッシングも受ける。人の心は脆いから、弱いから、簡単に崩れちゃうんです。これがわかったのが、原発事故でした。生活から壊れていくんです。私たちは人の人生を狂わせました。

原発があったからいいこともあったと思うんです。私の楽しかった思い出は原子力と共に暮らす地域で成り立っていたのですから。でも、そのいいことも破壊してしまう。これが原発事故です。

私は二〇一二年六月に、一四年働いてきた東京電力をやめました。作業員の方々のこと、地元のことを伝えたいと思いました。東電社員という肩書きでは、これはできません。でも、現場を知っている誰かが伝えないといけないと思ったのです。私があれだけ働きたかった、憧れていたＩＦはもう発電所ではありません。廃炉にする原発です。

私ははじめ、現場を伝えたいと取り組みを始めましたが、徐々に廃炉とは何か、廃炉に住民が関わることがどれだけ大事か、を伝えることに重点を置くようになりました。それが「一般社団法人ＡＦＷ」の設立にもつながっていきます。団体を立ち上げて、私は廃炉の勉強会、避難している地域住民の方を中心にした原発内の視察、その前後のワークショップを企画しています。原発の中を、もう何度も視察しました。

元東電社員だから、視察なんて簡単にできるだろう。そう思う人もいるかもしれませんが、現実はまったく違います。案内をしたい、現場を見せたいと思っても簡単にはいきません。何度も東電に趣旨を説明し、企画書を送り、交渉を重ね、やっと可能になるのです。

私たちが、初めて地域住民によるＩＦ視察を実現させたのは二〇一五年二月のことです。なんで原発の中を見せる必要があるのか、廃炉現場を見せる必要があるのか。それは、これまで原発は、住民不在で動かされてきたからです。

廃炉まで、住民不在でいくのか。福島に住む、あるいは避難生活を送っている当事者ですら、原発の中で何が起きているか知らない。一日に約七〇〇〇人が廃炉作業で働いている巨大な現場であること、このうちの四五％前後が福島県内の作業員であることも知らない。結局、福島第一原発と住民との距離感は、事故前と変わっていないのです。

私や一緒に働いていた同僚は、原発は社会から預かっているものだと思っていました。

しかし、実際は住民不在のまま「私たちの判断」で動かしていたんです。本当に安全なのかという問題も、東電は「私たちが安全というから安全です」という態度で、町の人は「東電が安全と言うんだから任せよう」となっていました。

それを「信頼」と呼んでいました。確かに信じてはいたのでしょう。だから裏切られたという声が多い。「信頼」は、事故の歯止めにはつながりませんでした。これは「信頼」ではなく「空気」だと思うんです。本当に東電を信じて頼っているのではなく、空気を読んで「信じる」と言っているにすぎません。廃炉でも、それを続けていいのでしょうか。

事故が起きて、廃炉に大きな関心が集まっている以上、１Ｆは公的な場所です。一義的には東電のものかもしれません。しかし、だからといって私物化していいわけではない。原発事故後も、廃炉について情報公開をしている、と東電は言います。確かにプレスリリースでは膨大な量が公開されています。しかし、情報を流すだけでなく、伝わるまでが情報公開だと思うんです。

どうやって読み解くか、果たして東電が言っていることはどこまで正しいのか。かたやメディアの批判はどこがあたっているのか。誰かがやらないといけない。

私ならできるかもしれないと思うようになりました。

地域の目、住民の目を入れないといけない。その理由は活動を始めた頃は、漠然としていました。いまなら、はっきりと言葉にできます。リスクの捉え方が、住民と技術者では違うからです。

技術者目線で安全なことが、住民の目から見ると違うということがある。考えてみれば当たり前です。技術者が「一はこれ、二はこれ、三は……」と優先順位をつけていることが、住民からすると「三が最優先で、一と二は後回しでもいい」のかもしれないですよね。

どちらが正しいか、ではなくエンジニアが外部の目や声に反応することが大切だと思っています。他の意見に触れる。外部の声を聞くことです。住民からすれば、意見が取り入れられること、結論に反映されることよりも、ちゃんと聞いてもらえたという納得が大事になるのです。

放射性物質トリチウムを含んだ処理済み水の問題がその典型でしょう。コスト的、技術的に一番いいとされているのは、薄めて海へ放出することです。実際に、そういう方向で議論が進んでいる。海に流しても、環境への影響はほとんどないとされています。それに、継続的にＩＦ沖の海洋調査をしている民間団体もありますから、何か異常があれば彼らも声をあげることができます。

それでも、私も含めて地域に住む人で、これに諸手をあげて賛成する人は少ないと思います。これ以上、流すのはやめてくれと。やっぱり、どこかで嫌だという感情はある。これは感情の問題だから、リスクの問題ではない。実際にリスクは少ないんだから流しましょうというのは、違うと思うのです。感情と向き合いながら、ベターなやり方を探っていく方法はあるはずです。

トリチウムを含んだ処理済み水を、海に流すのに反対の住民もいるでしょうし、賛成の住民もいる。将来、避難先からの帰還を目指すなら、彼らの声を聞かないといけない。もっと、議論自体が住民に開かれないといけない。さっきも言いましたが、大切なのは合意形成の過程にあります。私は納得が必要だと思っています。「もう、これなら納得する」と思うまで議論を積み上げる必要がある。

住民とのコミュニケーションをとらないで、決定をしていいのか。これは、廃炉について国と東電に白紙委任をしていいのかという話につながります。住民不在の「信頼」でいいのか、という問題なのです。

もう一つ、住民の目にこだわる理由をあげます。津波を防げなかったことです。繰り返しになりますが、住民とエンジニアのリスクに対する考え方はまったく違います。それはどちらがリスクをより正しく理解しているか、という問題とは無関係です。私は原発について現場も含めて知っているし、勉強してきたつもりです。でも、津波はまったく予想していなかった。

原発にリスクはあります。どんな発電方法だってリスクはある。だからこそ、自分たちだけではわからないことがある、という自覚が必要だと思うんです。ＩＦで住民との意見交換をもっとやっていたら、と思います。住民の目がもっと入っていれば、それを設備改善に反映していたら、事故は防げたかもしれません。こんな声も出てきたんじゃないかと想像するのです。

「東電さんは安全っていうけど、津波は大丈夫か？　防潮堤が必要じゃないか」

「もっと津波対策をしないと、いざというときにどうなるかわからないじゃないか」

当時から、技術者から見れば十分な安全対策をしていたかもしれない。けれども、住民が納得するレベルではなかったとしたら……。なんらかの対処をしましょう、という話になったんじゃないか。これはもう想像ですけどね。

社会が納得しないなら、たとえ技術的には問題がなくても対策をしていこう、とならないといけないと思います。私たちは、原発事故から何を学んだんですか。またブラックボックスにしていいのでしょうか。

二〇一六年の四月、世界中の原子力関係者や研究者が集まった国際会議がありました。「第一回福島第一廃炉国際フォーラム」です。私も登壇者としてゲストで呼ばれました。なんでかな、と思っていたら、口々にこう言われました。「廃炉を促進するには、ステークホルダー（利害関係者）との対話が必要だ」と。

簡単に言えば、住民参加なんですね。もっと廃炉に、住民を巻き込まないとダメだという話をしていました。

廃炉はこれから四〇年以上続きます。廃炉を支えるためには、三本の柱が必要です。一本目は専門家を含め規制当局、二本目＝真ん中に住民、三本目は東電。柱の横同士で対話がもっと必要です。お互いが何を考えているのか、どこの方向を向くのか。これを仕掛けないといけない。

なぜなのか。四〇年以上も続くということは、次の世代に引き継ぐものだからです。原子力事故から始まった廃炉を、誰もが納得がいく形で進めていくことが必要なのです。私の経験を、柱を横につなぐために活かさないといけないと思っています。それをつないでいくことが健全な廃炉の促進へとつながり、ひいては原子力事故被災地域の未来へとつながっているからです。

廃炉現場を伝える。この「伝える」には、変わりゆく改善状況や残り続ける課題、何よりも、そこには人がいて汗をかきながら前に進んでいく思いを伝えることも含まれています。東京電力と私たちとの関係は遠いままです。情報公開の在り方も、伝える相手が不在のままです。これでは見せたいものだけ見せている、といった誤解も生みます。

廃炉を知る、住民が廃炉の進み方に対して意思決定を持てる機会を持つ、それが原子力事故を乗り越えるということにつながると思うのです。私がＡＦＷとして、「民間の第三者」として存在する意味はここにあります。当事者として働いていたから、原発構内のどこに何があるかはわかるし、廃炉でどんな作業をしているのかも公開情報でわかります。感情と向き合い、経験をもとにわかりやすくお伝えする。被災者であり、元社員である私にしかできないことだと思います。廃炉は東電だけの問題ではない。自分のこととして捉え、原子力事故を歴史として残すことが大切だと思っています。民間目線で、継続して調査をして、社会に伝えることが必要です。

振り返ると、この一八年間、人生の半分以上を過ごした浜通りは私にとってはもう「ふるさと」です。一〇代後半からここで過ごして、結婚もした。ふるさとは震災前、原発に依存した町でした。そして、震災後も発電から廃炉に形は変えても、原発に依存した町になろうとしています。廃炉はビジネスになっています。短期的には、です。

でも、このビジネスは永続的なものではありません。なんといっても、自分たちの職場を無くすための仕事なのですから。旧来の構図が変わらないままでは「つないでいくふるさと」にはなりません。この先、ふるさとはどうなっていくのでしょう。そのビジョンは誰も描けていません。いろんな力を借りて、私たちがアイディアを出さないといけないと思っています。

広島には修学旅行生が、いまもやってきますね。原爆投下から七〇年が過ぎても、多くの人が訪れる場所になっています。いまの廃炉現場だって、時間がたてば多くの人が訪れるような場所になるはずです。歴史から学び、社会が教訓として活かしていく、そうした場所に変わっていく。それだけのことが、ここで起きています。

すでに被災地域はそうした場所になりつつありますし、１Ｆでは視察もかなりの人数を受け入れています。将来的には、一部を残して原発事故の意味を世界中に発信できるような拠点都市になることができるかもしれない。廃炉に関する技術を世界中に発信できる場所になるかもしれない。

浜通り一帯が、そういう象徴的な場所になる可能性はあります。そして、廃炉の現場を見てもらったら、地域の姿も見てもらったらいい。そこに生活があったはずなのに人がいなくなる。土地から人がいなくなることの意味、それが原発事故なんだということを知ってもらいたい。

大熊町や双葉町を「ゴーストタウン」と呼ぶ人がいます。私は間違っていると思う。捨てられた場所ではないのです。人が住んでいた場所であり、帰りを待っている場所であると思うのです。廃炉はずっと続きます。その場、その場で流されていてはいままでと変わりません。私たちは事故から学び、学んだことを次世代に渡していかないといけないのです。

他の電力会社や立地自治体の方は、どう考えているのでしょうね。いつまでも、原発がそこにある生活が続くわけじゃない。そのあとの世代にふるさとをどう引き継いでいきたいのだろう。私たちのふるさとは、次の世代の人のふるさとでもあります。そうした思いを持って、原子力依存という形に疑問を持ち、それ以外の暮らし方も含めて考えることができたら。次の世代に引き渡すまでが、責任っていうんじゃないかなって思うんです。課題に向き合い、廃炉と共に暮らすことの意味や意義、廃炉だけに頼らない生き方を探る。建設的に考え、自分も地域を担う一人である自覚を持っていかなくてはいけないと思っています。この地域で暮らし続けて、自分が年を取ったとき、未来の子供たちに「この町は原子力事故にあったんでしょ。当時何をしていたの？」と聞かれるときがくるかもしれない。

「こうしてみんなが笑えるように、みんなが頑張ったんだよ」

胸を張って答えたい。そのためにできることを進めていきます。

茨城の田舎、それも貧しい家庭に生まれた男性が中学卒業から受け入れられ、高卒の資格を与えられ、安定的な就職先を提供される。そして、地域の発電所に勤め、地元の女性と結婚して、地元で家庭を築く……。

彼は原発事故を機に、それまでの道を離れ、現場と住民の中間で模索していく道を選んだ。住民対東電・国という対立でもなく、原発と地域との共依存でもない道を探っているように思える。

まったくの偶然から関わることになったこの土地が、どんな土地だったのかを語る。自らの歴史を引き受けて語っていくその姿、その口調はどこかウクライナで出会った人たちと重なっていた。

4　歴史を託すということ

「来年は最終講義だというのに……」

ベージュの夏用のジャケットを羽織った科学者は、ぽつり、ぽつりと言葉をつないだ。「原発事故で僕の科学者人生は大きく変わってしまった」。

二〇一六年晩夏の東京都心である。インタビューを収録していた施設のガラス越しに、きれいに整えられた緑まぶしい庭園が広がっていた。それを眺めながら物理学者の早野龍五さん（六五歳）は、そんな言葉をもらした。

そこから約半年――。

二〇一七年三月一五日、東京大学・本郷キャンパス。ここに集まった人たちの顔ぶれが、早野さんの人生の変化を象徴していた。物理学の研究仲間だけでなく、一般の聴衆たちが席を埋め、福島で生活を送っている人たちも駆けつけた。

最終講義のタイトルは「ＣＥＲＮと二〇年福島と六年――三二一号室を去るにあたって」である。三二一号室は早野さんの研究室の番号だ。本業の物理学者としての顔とツイッターで発信を続けた顔、両方の話を聞いたことがある人はこの中でほとんどいないだろう、と講義は始まった。

本業の顔は一大拠点・ＣＥＲＮ（欧州合同原子核研究所）の研究チームを率いる研究者として。これがタイトル前段の二

早野龍五さん

〇年を意味している。もう一つは二〇一一年三月一一日以降、原発事故の情報が錯綜する中、事実を分析し、ツイッターで発信を続け、大学から「黙れ」と言われてもやめなかった科学者として。これが後段の六年にあたる。

一見すると二つの顔があるように見えるが、それは違う。語られたのは一貫して「科学者」として生きてきた、ということだった。講義の中盤、早野さんが語った一つの言葉が軸になっている。

「アマチュアの心で始めて、プロの仕事でまとめる」、研究者としての駆け出し時代、アメリカやカナダの研究施設での活動を通じて学んだ原点である。研究者たるもの、と早野さんは語る。「大事なのは人がやらないことをやることである」。

人がやらないことをやり始めた人は、誰もが最初は「知らないことをやっている」アマチュアだ。やがてプロになっていく。アマチュアの心で始めて、プロの仕事でまとめる。それが研究のおもしろいところなのだ。そして、と披露したのはこんな「人生訓」だった。

「『楽しそう』にやること。決して、研究は楽しいだけではないんです。でも、長く続けていくには、それがとても大事なこと」

どの分野であっても、プロの仕事は楽しいことばかりではない。でも、だからといって苦しそうにやっても仕方ない。若き日に学び取った科学者としての姿勢。そこに、福島での実践で大事だったポイントが詰まっている。

早野さんが福島に関わるきっかけになったのはツイッターだ。こんなツイートを契機に、それまで三〇〇〇人程度だったフォロワーは約一五万人にまで増えた。

「一九七三年に中国が大気圏核実験を行い、東京に雨とともに放射性物資が降った。学生だった私はガイガーカウンターで人々の頭髪や衣服などを測定。その数値は、福島の病院で被ばくされた方々と同程度以上、都民の多くが被ばくしたはずだが、それによる健康被害は現在にいたるまで報告されていない」（糸井重里・早野龍五『知ろうとすること。』〔新潮文庫〕より、二〇一一年三月一四日のツイート）

東大本部からは「早野黙れ」と言われたというが、それでもやめない。自宅の食卓でもパソコンを広げ、じっと画面と向き合っていた。晩酌はもっぱらビール党だが、ビールの栓を抜いてからパソコンをにらみ動きが止まる。いつの間にかビールはぬるくなり、泡も消えている。

早野さんも当初は、しばらくすればこの問題の専門家、つまりプロがあらわれて、自分から発信を代わってくれるだろうと思っていた。ところが現実には、ついに代わりはあらわれなかった。

この六年は早野さん自身が素人からプロになっていく六年でもあったといえる。原点にあった「アマチュアの心で始めて、プロの仕事でまとめる」を実践するかのように。

およそ専門分野ではない、原発事故以降の問題に関わり続けることに葛藤もあった。決断した大きな理由は年齢だ。当時五九歳だった。もし四九歳だったら、と彼は思う。きっと物理学の世界でもうひと仕事成し遂げることを目指していただろう。しかし、ほぼ「役に立たない研究」に税金を費やしてもらって、キャリアも積んできた。ならば納税者に還元するときではないか。

あの混乱期、早野さんのツイッターに注目していたのはプロも同じだった。二〇一一年八月になると、計測したデータの信憑性に疑問が残るホールボディカウンター（内部被曝を検査する機器）がある、と福島の医師から相談のメールが入る。他の医師からもデータ解析などについて相談がくるようになった。

集まるデータを見ながら、科学者として「僕ならできる」仕事があると気づく。それはデータや事実を俯瞰的に見ることであり、それをもとに英文の査読付き論文を書いて、世界中に発信することだ。

早野さんは、それ自体は「福島でなくても研究者はみんなやっていることだ」とも語った。ＣＥＲＮの二〇年も、福島の六年も科学者として地続きである。あくまで、福島でも科学者として人がやっていないことをやろうとしていた、と。

この六年、彼は福島で淡々と事実を積み上げた。子供向けのホールボディカウンターを開発して、検査する。二〇一四年を中心に二七〇〇人以上、検査したが、誰からも放射性セシウムは検出されなかった。このファクトは「もちろん」論文にした。

福島の高校生の外部被曝線量を、フランスやベラルーシの高校生と比較する。他国と比べて福島が高い、という結果は出なかった。これも論文になった。英文の査読付き論文として発表した成果は、原子放射線の影響に関する国連科学委員会（UNSCEAR）のレポートにも引用された。積み上げたデータから、断言できることも増えてきた。

福島で生活する子供たちが、将来、子供を産めるかどうか不安に思うようなデータは何一つ出ていない。だから、早野さんは「私は子供を産めるんですか？」という質問にこう答える。

「まずは、自信を持って『はい。ちゃんと産めます』と答えます。躊躇しないで。間髪入れずに」（『知ろうとすること。』より）

早野さんは、自分の活動は思いだけではできなかったと振り返った。二つの自由が必要だった、という。ここで一拍、間をとって続ける。

「まずは『学問の自由』です。東大にいて、CERNの研究をやっている教授が、福島でも（研究を）好き勝手やってもよい、とそういうことです」

でも、これだけでは十分じゃない。活動には経済的な自由も必要だ。ポケットマネーで南相馬市の給食を計測すると言ったとき、ツイッターのフォロワーは一科学者の活動を支援しようと寄付をはじめた。集まった寄付は総額約一二〇〇万円。福島での活動はすべてここからまかなわれた。

自由な研究活動を支えたのは、フォロワーだった。ツイッターの発信が賛同者を生み、応援し活動を支えていく。その結果が論文として、言論活動として、より多くの人に事実を届ける力になっていく。もっともポジティブでツイッターらしいつながりが、そこにあった。

彼がこの六年で積み上げたのは、学術的な成果だけではない。人と人が有機的につながるということ。その力も示していた。

ある人は晴れの日だからと、いわき市の小さな集落から感謝の気持ちを伝えようと樽酒を担いできた。早野さんと論文を共著した福島高校の卒業生は、この日、一人の理系女子学生として席に座っていた。

真面目な学術談義だけでなく、どこかにユーモアを忘れずに。あくまで「楽しそうに」。軽やかな口調で、約九〇分間の講義を終えた早野さんに、聴衆は敬意を払いながら大きな拍手を送っていた。

拍手を聞きながら、振り返ってみる。あの年から早野さんとは、ほうぼうで会う機会があったが、初めてこんな視点で語っているのを聞いたな、と。

そして思う。彼もまた、二〇一一年を境に偶然を引き受けて、歴史と生きることになった一人の人だった。彼の語りの中に、浮かび上がってくるもの――。

震災五年という節目が終わって、六年目に向かっています。いま最大の課題は何か、ですか？　僕の答えは一つしかありません。「自分の子供を産めるかどうか」という不安を持っている若い世代を減らすことです。

福島第一原発事故の被害者はいない、という人たちがいます。これは違います。多くの関係者の努力で、外部被曝も内部被曝も大きな問題はほぼなくなりました。でも、こうした若い世代の不安は「被害」ではないのか、これを放置しているのではないか、という問題は残っています。

なぜ、この問題を軽く見るのか。福島県で話していても、経済の話、農業の話は深刻だという大人たちはたくさんいます。だけど、この問題が最優先だという話はほとんどされないですよね。

経済も、確かに重要な問題なんです。でもね、最優先の問題は何かという話なんです。

福島高校で実際に体験したことをお話しします。二〇一五年六月、僕は講演をしに行きました。そこで、生徒たちにいくつか質問をしたんですね。福島高校は県内でも屈指の進学校で、理系教育だって充実している。

目を閉じて、周りを見ないで手をあげてください、と僕は呼びかけました。最初に聞いたのは、家で福島産の食材を買うかどうかです。買わないという家は一、二割くらいだったかな。次に外部被曝線量が高くて不安かどうか、これは少なかった。五％いるかいないか。

自分の子供を産めるかどうか不安か、と聞くと、一〇％くらい手があがったんです。一割は事故から四年たっても、まだ不安だっていうんです。これだけ理系教育も充実している福島高校で、一割は不安だと手をあげる。潜在的にはもっと多いかもしれないし、他の高校だったら、比率はもっと高いかもしれない。

子供を産めるかどうか生徒から聞かれたら、ですか？　答えは躊躇なくイエスです。問題なく産める、と即答しますよ。そんな不安をいまでも持たせていること自体が罪深いことですから。

僕は科学者としてデータを集め、それを公表してきました。とにかく大事にしてきたのは、いま福島に生まれたことを後悔する必要はどこにもないということです。

福島で実際に生活を送っている地域より、自然放射線の量が多い地域なんていくらでもあります。福島は、外部被曝も内部被曝も日本のほかの地域、世界各国と比べてもまったく問題ない。いま、福島県で流通しているものをどれだけ食べても、他の地域と比べて問題になるような内部被曝はありえません。

これはデータを見て、自信を持って言えることです。なのにこれだけ不安だという生徒が残っている。

考えてみれば、彼らは二〇一一年当時、小中学生です。家庭でどういう判断をしたか。一時的に福島を離れるかどうか、親御さんも真剣に考えたでしょう。各家庭にそれぞれの判断があったんだろうな、と想像します。

僕は、こうした不安が残っているのは、科学教育が不足しているからだ、と思ってしまうんです。

もちろん不安が知識だけで解決するわけではないこと。これは、よくわかっています。でもね、だからといって教育を何もしないのは間違っていると思うんです。僕と一緒に論文も書いている医師の坪倉正治さん（南相馬市立総合病院などに勤務）が、相馬市内の高校で講演したときにこんな感想が寄せられたんです。

「いままでの生活でこの地域は放射線が多くて『将来死ぬのも早いんだろうな』なんて考えたこともありましたが、講話を聞いてこの地域の放射線量の低さや安全さなどがとてもわかりやすく説明され、今後の生活も安心しました」

「野菜や米、土地などが安心だと言われてもやはり信用できませんでした。スーパーでも福島県の野菜や米などは買わないようにしていました。しかし、福島県の放射線量は他の県と変わらないと聞いて、前までは食べることを避けていた福島県の野菜や米を食べるようにしようと思うようになりました」

福島の高校生って進学や就職で、けっこうな割合が県外に出るんですよ。考えないといけないのは、自分は何にも思っていなくても、結婚するときに、相手の親戚から「えっ、福島の人なんですか」とそれとなく聞かれるかもしれないリスクなんです。

あるいは、「福島の人は……」みたいな調子で、もっと露骨に嫌がられるかもしれない。過去に広島と長崎で起きたような差別が、福島で起きるということです。表立って取り上げるにははばかられる話題だけど、それだけに社会には、深く沈殿していると思うんです。福島から避難した人へのいじめ問題と根は同じでしょう。

そのときに大事なのは、「自分の言葉で語ること」だと思うんです。泣き寝入りする、福島に生まれたから仕方ないと思うのではなく、ちゃんと自分たちの状況を説明できること。できれば、自分のデータも説明できるようになったほうがいいと思っています。

これは相当高いハードルだけど、目指すべき目標です。

振り返ってみれば、事故後はSNSでいろいろな発言が飛び交いました。ひどいデマと戦った人もたくさんいました。でも五年を過ぎて、メディアの関心は圧倒的に薄れた。もう普段は福島の話題は報道されていません。すごく減ったと思います。専門家も発言する機会が少なくなりました。県内メディアと県外の中央のメディアの間で、情報量の格差がものすごくありますよね。

一方で、事故から三年後や五年後には福島に人は住めなくなる、病気が多発するんだと言う人たちもいました。僕の観察範囲だと、彼らはいまでも同じような発言を続けています。手を変え、品を変え、彼らが言っていることは、「福島は危ない」ということに尽きます。自説は絶対に曲げないですね。危ないという発言は少数ながら、強く残っている。メディアの発信は減った。その結果、起きていることは、二〇一一年の段階の不安がまだ残っているという事実です。

一概にメディアが悪いというわけではないです。広島や長崎の歴史を僕たちは克服していないということです。あの辛い歴史から、何も学んでいない。あれだけの人が亡くなり、大量に被爆した悲劇から、ですよ。

広島、長崎の「被爆者」を対象にした疫学調査が、放射線防護の知見にどれだけ生かされているのか。その重みを受け止めないといけないと僕は思う。将来にわたって、福島の子供たちが結婚、出産するときに被曝の影響はない。これが広島と長崎の経験からわかっていることです。

それなのに「自分の子供を産めますか」がまだ問われているんです。強い言い方になりますがね、一番の問題はここにあるって思えよって声を大にして言いたいんです。

みんなで考えるべきは、「自分の言葉で語る」ために何ができるかです。たどたどしくたって、いいんです。できれば、根拠を持って説明できたほうがいい。世間の風はもっと厳しいですからね。

「福島は安全だ」と聞きたくない人はたくさんいます。彼らは決して自分の意見は変えません。でも「私は子供を産めますか」とか「水道の水を飲んでもいいですか」といった問題について聞きたい人はいっぱいいるんです。彼らは日々の生活に向き合っている。だから、僕は聞きたい人のために時間を割いて答えていきたい。

専門家のコンセンサスを確認しておきましょう。事故から五年がたち、内部被曝の問題はもう決着しています。震災初期から、例えばイノシシの肉やきのこ類といった、ごくごく特定の食品を食べていた人は高かった。それでも、高い、と言われた人たちだって年間一ミリシーベルトを超える人はいませんでした。

出荷制限がかかるような食品を食べたからといって、実は心配されるような線量には達していないんです。これが重要なことです。いま、内部被曝を心配する人の中で、一年で一ミリシーベルト被曝するだけのセシウムを食べることがどれだけ大変なのか、知っている人はどれだけいるのかなぁ。福島県産の食品を、それだけ食べられる人はいませんよ。

福島県内を駆けずり回るイノシシを捕まえて、毎日食べたところで達しないでしょう。不可能なレベルです。関係者のものすごい努力で、ここまで低いレベルになったことを忘れてはいけないんです。

最初期は、僕も危惧しました。特に内部被曝はとても危惧していました。だから、データを使って調べてみようと思ったんですね。実際に関わるようになるのは、二〇一一年の秋以降でした。

県内各地のホールボディカウンターで計測したデータを数多く見ましたが、内部被曝は心配いらないくらい低かった。その次の年にかけて、南相馬市で追跡調査をしたデータも見ました。目立って内部被曝が増えている人はほぼいなかったんです。これで内部被曝は実際には、かなり低く抑えられているんじゃないかって確信を持ったんです。

その頃には、僕が提言して、福島市内で給食まるごと検査（陰膳調査）が始まり、そのデータも集まり始めていました。これは、実際に児童が食べる給食の放射性物質を一食分丸ごと測るという取り組みですね。結果を見てさらに確信しました。

時系列は少し前後するのですが、二〇一二年六月、福島のリスクは高いんじゃないか、と考える科学者の集まりに呼ばれて参加したことがあります。いま話したようないくつかのデータを使って講演をしたら、手厳しい批判を受けました。

その批判、一部はあたってるんですよね。「あなたたちは、全員を測ったわけではないでしょう」「安全な人だけ選別しているのではないか。きっとどこかで高い人がいる」という点は特にあたっている。その通りだと思いました。

だから、その後も実測データを積み上げました。例えば、三春町の子供たちの内部被曝量を全員計測するというプロジェクトにも関わりました。乳児用の測定器「ベビースキャン」というのも作って、県内の乳幼児を六〇〇〇人以上測りましたが、一人もセシウムを検出していないんですよね。三春の子供たちも心配ない。

子供たちの実測データでこれ以上のデータがあるなら、僕はぜひ見てみたい。僕はデータを語って「大丈夫」だと言っているのであって、思想を語っているわけじゃないんです。

福島産の米で、一キロあたり一〇〇ベクレルという基準値を超えたものは、二〇一五年でついにゼロです。米農家や関係者の頭の下がる努力の成果であり、人々が普段食べているものなら、福島産を食べることはまったく問題ないと断言できるようになりました。

いま、流通している福島県産を避ける理由は科学的にはまったくない。しかし、どんなに微量であっても事故前には存在していなかったはずの放射性物質を食べたくない、放射線を浴びたくないという人たちの気持ちは非常によくわかります。

内部被曝の問題は、リスクと生活の兼ね合いというのを考えてもいい時期に入っていると思います。大事なのはバランスです。例えば個人的には、放射線量が高い傾向にある山菜も、食べても構わないと思ってます。出荷制限がかかっているので当然、出荷はダメだけど、個人でとってきて、責任を持って食べるならいいんじゃないかと。住民の方と話していると、山菜を食べることで得られる生活の充足感ってすごくあるんですよね。

飯舘村のある区長さんから、食べてもいいのか、と聞かれたから「山菜を食べることは積極的には勧めないけど、自分の生活で山菜を食べることが大事なんだという人を止めることはしない」と答えました。「そんな大事なことは、もっと早く言ってくれ」と叱られたんです。

事故後初期には必要な警戒だったけど、役割を終えたものもたくさんあると思います。個人的には、僕自身が提言したことなのでなかなか言いづらいことではあるんですが、給食のまるごと検査ももう役割を終えたと思っています。二〇一六年四月から、最初期に検査を導入した神奈川県横須賀市がやめました。敬意を払いたいと思います。日常に戻れると判断したら、戻っていいんですよ。

福島市は福島産の米を使っていますが、常に放射線量は検出限界値以下です。〇ベクレルの食事が食べたいなら、福島市で給食を食べるのが一番いいと思う。そう言えるくらいデータが集まっている。用心することは重要だと言うなら、両論併記が大事だと言うなら、こうしたデータも両論併記で伝えるべきだと思うのですが、こういうことを書かないメディアもたくさんあるんです。

どういう条件が整ったら、やめるか。もうオープンな議論を始めてもいい頃でしょう。そこで行政がいきなり決定するのではなく、議論を通じて、みんなが納得できる落とし所を探ること。大事なのはコミュニケーションそのものです。

科学的に合理的なことが、社会的には合理的ではない。こんなことは現場に山ほどあるわけです。例えば除染。必要な家と必要じゃない家を分けることは科学的には可能ですよ。でも、その家だけ優先したらどうなるか。あそこは線量が高い家だ、となってコミュニティを分断するだけですよ。それはやっちゃいけないんです。

「科学的に正しいから」でみんなが納得するとは限らないんですよね。

そんな話を僕が考えるようになったのは、地域住民の方々とお話をしたり、現場の先生方と議論を重ねたり、何よりツイートを読むことが大きかった。特に心配だという人、放射能が怖いというツイートですね。中には僕への批判もありますが、かなり時間をかけていまでも読むようにしています。

ツイッターで情報を発信するだけでなく、何を不安に思っているのかを感じたいんですよね。

一〇年前、五〇代半ばの早野ならこんなことは思わないでしょう。科学的なデータだけを突きつければいいと考えたと思う。

でも二〇一一年に以降は、失敗をしながらコミュニケーションについて考え、学んできました。言わなきゃよかったというツイートなんて山ほどあるしね。

現場にいる坪倉さんや福島県立医大の宮崎真さんといった医師たちとコミュニケーションをとらなかったら、失敗はもっと多かっただろうなぁと思います。

僕は何か言うからには行動が大事だと思っているんです。これは前から変わらない。他人がやらないことで、自分ができるなら、僕がやるしかない。

でも、現場の彼らを知らなかったら、僕は東京にいて自分の研究室でこれいいアイディアだなぁと思って突っ走って、実現させようとして失敗していたと思う。変なツイートで現場を混乱させることもあったでしょう。

いまでもその危険性はありますが、何かを発言するときにすぐ思い浮かべるのは、現場の人たちです。現場で頑張っている人たちが困るかどうかを一つの判断基準にして、まずは彼らの顔を思い浮かべて考えるんです。

そして、やっぱり高校生ですよね。彼らの未来にとってどうかというのも、一つの基準です。高校生と出会わなかったら、こんなに教育が大事だと思うこともなかったでしょう。面白いことに年を重ねていけばいくほど、若い人と接する時間が増えてきたんですよ。

　さてここで、僕がなぜ福島高校の生徒たちを福島第一原発に連れて行ったのかという話もしておきましょう。二〇一六年一一月のことです。絶対に確認しておかないといけないのは、廃炉をブラックボックスにしてはいけないということ。次に、誰が廃炉を最後まで担うのか。それは僕たちの世代ではないし、現役の東京電力の幹部でもないということです。

　見届けるのは、いまの高校生たちの世代です。僕に何ができるのかを考えたとき、一番大事なのは、彼らが自分たちの言葉で、福島を語れるようになるための助けとなることです。それには、廃炉も含まれます。

　もちろん、何をどうやっても連れて行くこと（この見学による生徒たちの被曝量はいずれも〇・〇一ミリシーベルト以下だった）に批判が出ることは想定していました。まず、メディアを連れて行ったことですね。

　メディアを連れて行くことは絶対に必要だったと思っています。それは、いまも変わりません。仮にひっそりと行ったらどうなるか。いずれ表に出て、今度は「なぜこっそりと行ったのか」「ブラックボックスだ」と福島高校や生徒も含めて批判されることが目に見えています。

当然ながら、こうした動きは必ず表に出ます。そのリスクと比較して、メディアを同行させたほうがいい、というのが僕の判断です。クローズドよりも、オープンにしておいたほうがいいということです。

福島高校の生徒たちは、遅かれ早かれ、自分の言葉で福島を説明しなければいけなくなる。それならば、ここで勉強しておくことは決して無駄にはならない。東電の意見を代弁する存在ではなく、彼らは自分の言葉で語らないといけない。メディアを入れたときに一番気をつけたのは、彼らが「代弁」しているかのように切り取られることでした。

不本意な取り上げられ方もなかったとは言いません。しかし、それがあったとしてもなお、僕はメディアとともに行って良かったと思います。

地元の人にも簡単には認められない廃炉の現場に高校生が入れたのは、僕が東大教授だからだとか、ツイッター上で影響力があるからだ、とも言われました。それはあるでしょう。だからこそ、そこで大事なのは、ドアを叩き続けることでした。ドアは叩き続ければ開く、ということを示したかった。

見学を認めるか、認めないかは東電の一存です。そもそも、手続きやルールだってどこまで明確に定まっているのかどうか、わからないままなんです。だから、僕は東電のドアを叩いたんだと思っています。ドアはもう開いたんです。

今後、もし他の高校から申請があったらどうするのか。県内の高校から依頼があったら、東電は答える義務がある。廃炉作業は壁の向こう側の話にしてはいけないわけです。ともすれば、東電はすぐに閉じようとする。見えなくなることのデメリットのほうが大きい、ということは何度でも強調したいと思います。

研究者だし、最後まで誰もやったことのないことをやりたい、とは思っています。ですが、もう僕に残された時間はそんなに多くありません。二〇一七年で東京大学も定年です。もう次にバトンを渡すことを考えないといけません。

伊達市のガラスバッジ（個人線量計）のデータ、内部被曝検査の解析をしました。これが、僕が学術的に福島に貢献できる最後の論文（宮崎真・早野龍五 "Individual external dose monitoring of all citizens of Date City by passive dosimeter 5 to 51 months after the Fukushima NPP accident (series): 1. Comparison of individual dose with ambient dose rate monitored by aircraft surveys", Journal of Radiological Protection, Vol.37, No.1, 2016）になるでしょう。

伊達市は全村避難した飯舘村に隣接した地域です。福島市の中で比較的、線量が高いところとも接しています。そこに住み続けて普通の生活をした人たちがいるのです。

関わるようになったきっかけは、二〇一四年一〇月一七日の夜、パリで開かれたセミナーでした。宮崎さんが伊達市の市長に、市のデータを僕に預けて分析をしてもらおうと提案してくれました。伊達市とは、除染に関わった職員とよく話をしていて、信頼関係も築けていた。彼らの後押しもあり、市から持っているデータの分析を正式に依頼されました。

行政が持っているデータをもとに、学術論文を書くなんてことは普通ならありえません。これもつながりです。僕にとっては、最後にして、とても思い入れのある論文になりました。

わかった結果だけ、説明しておきましょう。いままで空間線量をベースに住民の外部被曝を試算していました。ところが実測すると、平均で三〜四倍、試算が過剰評価になると言えるようになったんです。つまり、実際に住民が被曝している量は、空間線量から試算するよりもぐっと低くなる。住宅の中にいたり、会社にいったり、働いたり……。人間は移動し、同じ場所にじっとしていないからです。

これから住民帰還を目指す自治体は、伊達市の実測データをベースに十分、合理的な推測をもとに政策を組み立てることが可能になる。とても重要なデータになると思います。

少し振り返ると、結局、いままでやってきたことは全部、属人的なものなんですよね。たまたま、適任な誰かがそこにいて、つながりができた。それぞれが重要な役割を担ってくれて、事故から五年は乗り切ることができました。でも、それだけでは足りないんです。もう次を考えないといけない。

測ること、伝えること、被曝について。最初は僕でないとできないことがあったと思います。でも、いまはそんなことはもうないでしょう。僕でなくても、できる人はずいぶんと多くなりました。

そう考えるとね、なるべく若い人に託したいと思うんです。高校生との時間がなかったら、僕はこんなに福島に関わることもなかった。何度も繰り返しますが、目標は「自分たちの言葉で福島を語ること」。だから、彼らに託すものは託したい。いまはそう思っています。

5　原爆ドームはなぜ残ったのか

取材で出会ったさまざまな人の口から「広島」という単語が出てきた。福島もまた広島のような場所に、原爆ドームのように、広島の教訓を……。

ここで、一つの事実を指摘しておきたい。原爆ドームが残っているのは、決して偶然の産物ではないということだ。そこには一人の建築家の明確な意志が込められていた。当時、彼は取り壊しが検討されていた原爆ドームを、歴史を語るシンボリックなものと位置付けた。

「悲惨な戦争を想起させるものは復興にそぐわない」「役に立たない」「経済的ではない」。批判を受けながら、死者を慰霊する空間を作り上げた。彼がいなければ、「広島」は別の語られ方をする土地になっていたかもしれない。

建築家の名前を丹下健三（一九一三〜二〇〇五年）という。丹下は建築界のノーベル賞と称される、プリツカー賞を日本人で初めて受賞した世界的な建築家だ。

広島平和記念公園、アーチ型の慰霊碑の先に、原爆ドームが見える。ここに謎がある。なぜ、慰霊碑の先に原爆ドームが見えるのか。原爆ドームに象徴的な役割を担わす設計になっているのはなぜか。

一九三〇年と一九四九年。丹下の思考の一端に触れるには、この二つの転機に時計の針を巻き戻す必要がある。

一九三〇年、丹下は愛媛県今治の実家を離れ、旧制広島高等学校、いまの広島大学に進学する。自伝『丹下健三　一本の鉛筆から』（日本図書センター）には悩む青年、丹下の姿が描かれている。

「理科甲類」に進学したものの、文学や芸術に惹かれていく。そんなとき、国立西洋美術館の設計者として知られる巨匠、ル・コルビュジエの建築に出会い、魅了された。「理科」の知識とともに芸術的な要素もある建築なら、情熱を持って取り組めるのではないか。そう思い立った丹下は、世界的建築家への第一歩を広島の地で踏み出した。

その後、東大、東大大学院と進学し専門的に建築を学ぶ。院生時代には、戦時下の数々のコンペに入賞し、気鋭の若手建築家としての地位を確立していく。一九四五年八月、丹下に父が死んだと一報が届く。数日かけて列車の切符を手に入れた丹下は広島県・尾道まで行き、実家のある今治に向かう。

途中、列車の中で、新型爆弾が広島に落とされたという話がどこからともなく伝わってきたという。

間もなく戦争は終わり、東大にも学生が戻ってきた。翌一九四六年、丹下は東大助教授となり、通称「丹下研究室」に学生が集まった。主な仕事は、戦争で焼け野原になった日本各地の復興計画策定である。丹下は広島市行きを自ら志願した。

「いま広島に行けば原爆症にかかり死んでしまう」「放射能の影響で草木も生えない」などと噂も飛び交っていたが、丹下は気にしなかった。夜な夜な議論を重ねながら学生生活を送り、建築家という職業を知った、いわば原点の土地だったからだ。

丹下たちは広島県庁近くにトタン屋根の小屋を作り、一カ月近く住み込んだという。食料の配給もごくわずか。空腹を抱えながらわずかに残された資料を漁り、新しい広島市の都市計画を作る。そして、最大の転機となる一九四九年がやってくる。

その年に書かれた一本の論文がある。当時、三六歳の丹下が中心になった「広島市平和記念公園及び記念館競技設計等選図案」（以下、丹下案）だ。平和記念公園をどう設計するか。一九四九年に開催されたコンペで一等を獲得した論文である。

占領下の日本で、広島市の顧問を務めていたイギリス軍の建築家は、「五重塔」のような平和記念塔を作ろうと主張していた、と丹下は述懐している（丹下『人間と建築　デザインおぼえがき』彰国社）。

丹下はこの案に反対する。モニュメントが一つあった程度で何が残るのか。市民に忘れ去られるだけではないか。その象徴が関東大震災の慰霊堂だ。この時点で約二五年しかたっていないのに、すでに関東大震災は忘れられている、と丹下は主張した。

慰霊堂をひとつ作ったところで、と彼は考えている。当時は何かを残さないといけないと思うような災害、まして戦争であっても、記憶をとどめる何かがなければ人々は忘れていく。それが現実だ。

彼は未来を見据えていた。

いまの平和記念公園は、丹下案をもとにしている。二等案、三等案では見向きもされなかった場所を、丹下案だけが重要なものとして位置付けていた。それが、設計を依頼された敷地の外にある原爆ドームだ。

丹下案は、こんな発想からできあがっている。川を挟んで北限に原爆ドームをとり、そこを起点に南に向かって一本の線を引く。その線を軸として、慰霊碑や広場を配置し、東西に平和記念資料館など一群の建築物を配置する。

　南北の線と東西の線、この線の中に原爆の遺構、資料館、広場、祈りを捧げる場所がすべて収まっている。だから、慰霊碑から原爆ドームが一望できる。

　いまでこそ、世界遺産に登録され、原爆の悲惨さの象徴となっている原爆ドームだが、当時は保存されるかさえわからない状況が続いていた。「戦争の記憶を想起させる」「住民の気持ちを思えば……」という声もあり、審査評にも「一部で（原爆ドームを）取り払うのをよしとする論もあるようだが」という言葉が残っている。

　丹下は原爆ドームを残すべきだと考えていた。「原爆の恐ろしさ、残虐さ、非人間性、そうしたことを永久に忘れないために、もう二度と人類が原爆を使用しないために、このドームはシンボルとして残すべきだ」（『丹下健三　一本の鉛筆から』）、と。丹下が残るかどうかもわからない原爆ドームの持つ「力」を信じ、平和記念公園と一体のものとして考えていたことは、この論文を一読すればわかる。

　彼は「爆心地に設けられる平和記念公園は、世界的な意味を持つであろう」と記し、建設の意味をこう宣言した。

「平和は訪れて来るものではなく、闘いとらなければならないものである。平和は自然からも神からも与えられるものではなく、人々が実践的に創り出してゆくものである。この広島の平和を記念するための施設も与えられた平和を観念的に記念するためのものではな

く平和を創り出すという建設的な意味をもつものでなければならない」（丹下案・原文は旧漢字）

とはいえ、食うや食わずの生活に追い込まれていた当時の住民にとって、彼の建築は短期的にはなんの役にも立たない。事実、批判の声はあった。その典型が平和記念資料館の一階部分だ。人々が通り抜けられるようにピロティ（高床形式）になっている。普段は、何もないスペースである。

建築物の一階を使わず、柱だけが立つピロティなんて、目的もよくわからないし、経済的でもないものをなぜ作るのか。当時、そこに住んでいる人たちの気持ちを考えれば、この批判には説得力がある。

丹下は批判に屈しなかった。それは、彼にとって重要だったのは、この時代に生きる人だけではなく、未来の人々だったからだ。公園で集会が開かれ、ピロティには数万人の群衆が集う。彼はそのことを念頭に置いていた。

原爆投下から一〇年が過ぎた一九五五年八月六日、設計に込めた思想は具現化する。平和記念公園を、約五万の人々が埋め尽くした。ピロティは広場と一体となり、人々が行き来した。この日、丹下は一連の「作品」が自分の手を離れ、人々の手にわたったと感じていた。

そこから先の歴史は、多くの人が知るところだ。撤去と保存の間で揺れ動いた、原爆ドームは、一九六〇年代に入り、正式に保存が決まる。広島は長崎とともに被爆地として発信を続け、毎年八月、人々は公園に集うことになり、二〇一六年にオバマ米大統領（当時）も訪れることになる。

当時、丹下に投げかけられた批判は、そのまま東日本大震災、原発事故後の議論と重なる。壊されるかもしれなかった原爆ドームの歴史と、それが遺されていく歴史の過程は過去のものではなく、現在の問題として浮かび上がってくる。

震災の現実を伝える建造物を、「復興」のため、あるいは被災者の「気持ち」を考えるという名目で、遺さないという考え方がある。原発事故も同じだろう。

チェルノブイリはその姿を観光客に開き、事故が起きた原発という場を見せることで、風化を拒み、歴史を語るというやり方を選んだ。広島は丹下案の力によって、原爆ドームを壊さずに遺す道を選んだ。

仮に原爆ドームがなかったとする。そのとき、広島はこれだけシンボリックな土地になっただろうか。修学旅行で、あるいは観光で人々は訪れ、そこで何かを考える。そんな土地になっただろうか。

仮にチェルノブイリにツアーも何もなく、事故について語る人もいなかったとする。わざわざ、日本から行こうと考える人が出てくるだろうか。

両方とも、答えは同じだ。なってもいないし、そんな奇特な人はあらわれそうもない。訪れる人に語ろうとする力を持たない、ただの慰霊のための施設があったところで、場に惹きつけられる人は出てこないだろう。

起きた出来事を記憶するために、何かを遺す。いくつかの事例から学べることは二つある。一つは場の持つ力を軽視しないこと。もう一つは歴史的な出来事を物語る何かを遺すためには、同時代の人々に向けて語るだけでは不十分であるということだ。ある出来事から教訓を得るのは、同時代の人だけではない。そこには「未来」にも向けて語る、という視点が不可欠になる。

振り返れば、この本に出てくる人たちの言葉、しばしば出てきたのは、未来に向けての語りだった。それは、自分の子供の未来のためであったり、教え子の未来に向けての言葉であったり、偶然知り合うことになった福島の高校生のための言葉であったり、あるいは「一〇〇年後にこの震災ってどう伝えられているかなって考えます」といった言葉で、「未来」へのまなざしが表現されていた。

ここで、この章の冒頭の問いに戻る。私の問題は同時代の経験を、どんな立場で語ればいいのか？　だった。出会った人たちの言葉から、この問いに対する決着はついたように思える。

私はいま、それを「歴史の当事者」という言葉で考えている。歴史の当事者は起こった出来事と自分自身の接点を見つけ、何かを考えている人である。どんな軽薄なきっかけであれ、単純な興味であれ、偶然であれ、何かを伝える場所やものがあれば、人はそこから考えることができる。

そして、未来に向けて何かをしたいと思うとき、狭い意味での「当事者」か否かという線引きは無効になる。誰もが自分の歴史を語り、未来を語ることはできるのだから。

終章

この仕事をしていると、いつも「わかりやすさ」から誘惑される。

危険なのか、安全なのか白黒つけたほうがいいんじゃないか。どこかで線を引いて「あっち」と「こっち」という構図を作ったほうがいいんじゃないか。絶対に批判できないポジションを作ったほうがいいんじゃないか、「弱い立場」を代弁したほうがいいんじゃないか。当事者の声を選別し、自分の主張を強調したほうがいいんじゃないか……。

わかりやすさとは党派性の肯定のことだ、といってもいいだろう。何が正しいのか。読んだ人が自分は正しい集団にいる、と確信を深められるものを書く。

「わかりやすい」だけの話を書けと言われたらいくらでも方法があったし、自分でもいくつかの仕事でやってきた。でも、いつも「わかりやすい」話は表面的なものでしかないと思っていた。人を選んで、いくつかの言葉を切り取って、記事の流れの中にエピソードをはめ込んでいけば、記事の形にはなる。だが、それだけでしかない。個の話ではなく、ある集団に属している人の話を抜き出しているだけだった。

いままでの「わかりやすさ」というモノサシを使えば、この本の中で書いてきたことはとてもわかりにくい。出てくる人たちは、それぞれにどこか葛藤しているし、揺らぎながら、何かを選び生きている。

個人の葛藤や揺らぎは、短い記事の中では、切って捨てられてしまうものでしかない。葛藤が捨てられた言葉は、どうしてもいまある言葉の枠に集約されてしまう。悲しみ、絆、復興……といったように。

繰り返してきたように、喪失というのは個的な経験としてしか語れないものなのに、いつだって表面的でわかりやすい言葉に集約されてしまう。

行動の中にある葛藤や揺らぎそのものが、とても大切な事実だ。事実を積み上げる先にこそ見えてくるものがある。

震災五年に関する報道がひとしきり終わったあと、私は糸井重里さんのインタビューに向かった。「ほぼ日」の社長として被災地支援に携わり、早野龍五さんとの共著を出し、そしてＮＨＫの震災特番に出ずっぱりだった糸井さんが何を考えているのかを知りたかった。

テレビの中の糸井さんは、「悲しみしか伝わってこない」とスタジオの空気を混ぜ返していた。番組が事前に描いた「デザイン」を批判し、違う視点の言葉を投げかけていた。テレビの中にも、個人として発言しようとする人がいる。

ほぼ日社内にある糸井さんの部屋に通される。七、八人で囲めそうなテーブルがあった。奥側に白いシャツを着た糸井さんが座り、対面する私に「言葉の復興」が必要なんだと話を切り出し、こんな言葉を続けた。

言葉の復興っていうのは、東日本大震災のデザイン論ともいえます。悲しみを引きずるというデザインがあって、そこに言葉があてはめられていく。本当はもっとみんな、違うはずなんですよ。被災地には悲しみだけじゃなくて、喜びもあるのに、もっと悲しまないといけない、なにかきれいにまとめないといけないというデザインがあって、言葉がついていく。例えば、悲しい音楽と被災者の悲しい表情がテレビに流れる。スタジオで「まだまだ復興は遠いですね」とコメントをつける。まとまりがいいですよね。

でも、それ本当は違うよねって誰かが言わないといけないんですよ。確かに悲しみはある。でも、それだけじゃないでしょって。

（中略）

きれいにまとめない言葉が必要なんです。固定化された言葉を崩さないといけない。メディアの方は、見繕っている言葉、きれいな言葉に反応しますよね。でも、現実はもっと、わやわやしている。みんな、本当はもっと考えているんですよ。でも、それが表に出てこない。もっと言葉を探すことですよね。まだまだ足りないと思うんです。

（「糸井重里さんが考える震災と言葉『きれいにまとめない言葉』からみえてくること」／https://www.buzzfeed.com/jp/satoruishido/itoi-shigesato）

複雑な感情を、例えば「悲しみ」といったシンプルな言葉でまとめて伝えようとすると き、必ずそこからこぼれ落ちるものがある。本当は別の感情だってあるのに、「当事者は悲しんでいる」という、わかりやすいフレームの中に押し込められてしまう。そして、悲しみだけが切り取られ、それを受けて別の人たちが「当事者は悲しんでいるのだ」と論調を張る。

私には、それは「わかりやすさ」ではなく、何を伝えたいのか考えていないだけのように思える。個的な経験を一色に染め上げて、悲しみの次は「怒り」、「怒り」の次は……といった具合にまとめる。個人がそれぞれに考えていることは見えてこない。それでは何百人に会って取材をしたところで、個人の言葉ではなく、被災者という「肩書き」の声を集めたにすぎなくなってしまう。

喪失と向き合う時間は人それぞれ違う。見ず知らずの人に取材をして、一篇の記事を書く私に問われていたのは、「わかりやすい」フレームからどれだけ離れられるかだと思っていた。

一連の取材を通して、本人ですらわかっていない気持ちや、揺れる言葉に接近しようと試みてきた。本人ですら自覚していない繊細な心の動きをどう捉え、言葉にできるのか。個的なものを個的なまま捉えようとしたのも、それゆえである。

記事を発表するたびに「いまさら震災の話なんて読まれると思っているのか」という声も聞こえてきた。「思っている。少なくとも届けたいと思っている」と答えてきた。「届けたい」という言葉に、いわゆる「震災もの」という、それこそ「わかりやすい」ものを書いていないという反発も込めていた。

そのときは、うまく言葉にできなかったが、私は震災の取材をしているとは思っていなかった。震災や原発事故のことは確かに書いているが、関心が向かっていたのは喪失と人はどう向き合うのか、あるいは、危機の中で、人は自分の役割をどう引き受けるのか、というところにあった。

彼らの言葉にある強さを肯定したかった。考えた言葉であれば、どんな立場だろうが関係なく、力がある。彼らが発してくれた言葉を受け取り、私は別の誰かに届けたいと確かに思った。あの日を境に何かを考えてしまう人に、あの日を境に何かを引き受けてしまった人に、あの日から思ったことを言葉にできない人に向けて発信をしよう、と。

私は彼らの言葉を聞いたが、本当に理解できているかは、いまでもわからないままだ。しかし、一つの仕事としてまとめたとき、彼らの中に簡単には風化しない問題、人の生き方という問題が見えてきたように思える。

「生き方の問題」に向き合う人々は、いつの時代にもいる。どんな困難にあっても、人は何かを考えながら生きていく。

一つの方向性に流されず個として考え、行動すること。行動に基づき、言葉を残すこと。どんな時代であっても、最後に残るのは個人として考え行動した言葉であること。それは変わらない。

おわりに

ニュースにとって重要な「新しい」の考えかたが、新聞とネットでは違っているのではないか、と書いたことがある。新聞にとって「新しい」とは、直前の朝夕刊の紙面に掲載されていないものを指す。しかし、インターネットではどうだろうか。

ある時にアクセスして、最新の情報を手に入れるだけ、あるいは暇つぶしとして消費する。そんな記事もあれば、何年も前に書かれたものなのに、読む人の心に新しさを残す文章もある。

私は後者の新しさを志向したいと思った。いつ読んでも、どこで読んでも、新しい何かがそこにあるものだ。逆説的だが、いつでも新しく読める何かを書こうと思えば、「現在」から適度に距離を取りながら、本質的な問いを内包したものでしかありえないだろうと考えてきた。この本はその実践でもある。

さて、一冊の本は当然ながら、筆者の力だけではできない。まず、なにより取材に応じてもらった方には深い感謝しかない。

多くの書き手が経験している不思議に、なぜ人は取材に応じてくれるのだろうというものがある。

赤の他人がふらりとやってきて、人生にとってとても大事なことを教えてほしいという。それに対して、応じる義理はないのに誠実にお答えいただくのだから、これを不思議と言わずしてなんと呼べばいいのだろうか。皆さんには、繰り返しになるが心より感謝したい。

一緒に働いているBuzzFeed Japanの同僚にも感謝を捧げたい。出版に関するめんどうな交渉ごと一切を引き受けてくれた人たち、ネットの記事としてありえない分量の掲載、出張や執筆に時間を取ることを許してくれた編集部の環境——。

「こういう企画をやりたい」というおしゃべりをおもしろそうに聞いてくれた人、書けない悩みを吐露できる人、激励してくれた人たち、いろいろ相談してくれる後輩——。皆さんの支えがなければ、ここにはたどり着かなかった。ありがとうございました。

キャリアをスタートさせた前職の毎日新聞で取材の基礎を叩き込んでくれた方々にもこの場を借りて御礼を。とりわけ三年にわたって熱心に指導してくれた岡山支局の元デスクY氏に。彼との出会いがなければ、いまの私は存在しない。結局、自分がやっていることは彼の教えに従っているだけである。

編集者の柳瀬徹さんは「発表した記事の集成ではなく、一冊のノンフィクションにしましょう」と言ってくれた。その通りになったかは定かではないが、これ以上ない的確なコメントに何度も助けられた。亜紀書房の小原央明さんも心地よく仕事ができる距離感を保って、サポートしてくれた。二人との仕事でなければ、この作品が完成しなかったことは間違いない。素敵な造本に仕上げてくれたAsylの佐藤直樹さんと菊地昌隆さんにもあわせて感謝したい。

そして最初の読者でもある家族へ御礼をひとこと記しておきたい。いつも支えてくれてありがとう。

BuzzFeed Newsには「Reporting to You」というスローガンがある。手前味噌ながら、とても気に入っている。私は、この本を二〇一一年三月一一日を考えたい、でも言葉にできない「あなた」に届けたいと思って書いてきた。

やはり欠かせないのが、読んでくれる読者の力である。誰にも読まれなかったらどうしようという不安は初出の記事から絶えずあったが、幸いにも多くの読者に支えられて、私はまだ書くことができている。

いつも、読んでくれてありがとうございます。願わくは、この本に詰まった言葉が多くの読者に届きますように。引き続き、よろしくお願いします。

二〇一七年七月一七日　石戸諭

初出一覧（いずれもBuzzFeed News　https://www.buzzfeed.com/jp　掲載）

第一章

「もう二度と米はつくれない？　いや、できる　福島・元ヤン農家の挑戦」二〇一七年三月八日
「もう住めないといわれた村で　夫婦は「汚染木」をログハウスにかえた」二〇一七年三月九日
「『自分たちもいじめにあう』　福島の子どもの孤独と不安」二〇一七年三月七日

第二章

「なぜ、被災地に『幽霊』がでるのか　あいまいな死に寄り添い生きる」二〇一六年二月一一日
「最愛の人に会いに遺族が向かう場所　僧が説く死者と私たちの関係」二〇一七年三月二日
「ひとは『死んだら終わりですか？』　大切な死者を語り、生きる』二〇一六年三月一一日
「あの日、津波で亡くなった娘へ　父が贈るあたたかく、少しふしぎな手紙」二〇一七年三月一〇日
「あの日逝った大切なペット、ひとへ『今どこにいますか？』　揺れる思いを綴る」二〇一七年三月一一日
「『子どもを守れなかった父の死を悲しみきれない』　あの年、中学生だった二一歳が口にしないこと」二〇一七年三月一二日

第三章

「原発事故からまもなく三〇年　チェルノブイリの『いま』から福島の未来を考える」二〇一六年三月二五日
「原発事故を語る『小さな人間の声』の力とは？　ノーベル賞作家が見いだしたこと」二〇一六年一二月四日
「福島第一原発ルポ　七千人が働く廃炉作業の現実」二〇一六年一月一九日
「善悪で語れない原発　福島第一原発を去り、地域に生きる元東電社員（前編）」二〇一六年七月五日
「『廃炉まで住民不在でいくのか』　元東電社員は、対立ではなく模索の道を選ぶ（後編）」二〇一六年七月六日
「科学者がいま、福島の若い世代に伝えたいこと　『福島に生まれたことを後悔する必要はどこにもない』」二〇一七年一月九日
「『いずれ自分の言葉で福島を語らなければならない』　高校生に、科学者が託した思い」二〇一七年一月一〇日
「なぜ慰霊碑の向こうに原爆ドームが見えるのか？　世界的巨匠が託した思い」二〇一六年五月二六日

終章

「糸井重里さんが考える震災と言葉　『きれいにまとめない言葉』からみえてくること」二〇一六年六月一一日

本書収録にあたり、いずれも大幅に加筆された。

石戸諭（いしど・さとる）
1984年生まれ、東京都出身。2006年立命館大学法学部卒業、同年に毎日新聞社入社。岡山支局、大阪社会部、デジタル報道センターを経て、2016年1月にBuzzFeed Japanに入社。

掲載記事
https://www.buzzfeed.com/satoruishido?language=ja

リスクと生きる、死者と生きる

2017年9月13日　第1版第1刷発行

著者　石戸諭
装丁　アジール（佐藤直樹＋菊地昌隆）
装画　佐藤直樹
編集　柳瀬徹
発行所　株式会社亜紀書房
〒101-0051
東京都千代田区神田神保町1-32
電話　03-5280-0261
http://www.akishobo.com
振替　00100-9-144037
印刷・製本　株式会社トライ
http://www.try-sky.com

ISBN 978-4-7505-1520-5 C0095
乱丁本、落丁本はお取り替えいたします。